En defensa de
la clase trabajadora
norteamericana

TAMBIÉN DE MARY-ALICE WATERS
Autora, editora, colaboradora

Nuestra historia aún se está escribiendo:
La historia de tres generales cubano-chinos
en la Revolución Cubana *(2017)*

¿Es posible una revolución socialista
en Estados Unidos? *(2016)*

"Son los pobres quienes enfrentan el salvajismo del sistema
de 'justicia' en EE.UU." *(2016)*

Los cosméticos, las modas y la explotación
de la mujer *(2014)*

Cuba y Angola: Luchando por la libertad de África
y la nuestra *(2013)*

Las mujeres en Cuba: Haciendo una revolución dentro
de la revolución *(2012)*

El capitalismo y la transformación de África *(2009)*

Thomas Sankara: Somos herederos de las revoluciones
del mundo *(2004)*

El rostro cambiante de la política en Estados Unidos *(2002)*

Pathfinder nació con la Revolución de Octubre *(2002)*

Cuba y la revolución norteamericana que viene *(2001)*

El legado proletario del Che y el proceso de rectificación
en Cuba *(1991)*

1945: Cuando las tropas norteamericanas dijeron 'No' *(1991)*

MARY-ALICE WATERS

En defensa de la clase trabajadora norteamericana

Pathfinder
NUEVA YORK   LONDRES   MONTREAL   SYDNEY

Editado por Mary-Alice Waters

Copyright © 2019 por Pathfinder Press
Todos los derechos reservados conforme a la ley
All rights reserved

ISBN 978-1-60488-108-0
Número de Control de la Biblioteca del Congreso
(Library of Congress Control Number) 2018965051

Impreso y hecho en Canadá
Manufactured in Canada

DISEÑO DE PORTADA: Toni Gorton

FOTO DE PORTADA: Frankfort, Kentucky, abril 2018. Maestros se manifiestan frente al capitolio estatal contra recortes a pensiones. La pancarta grande dice: "Estamos hartos". (Alex Slitz/Associated Press)

FOTO DE CONTRAPORTADA: Marcha en Jacksonville, Florida, en octubre de 2018 exige restauración del derecho a votar para ex reos. El cartel dice: "Dejen que mi gente vote". (Ithiell Yisrael/Florida Rights Restoration Coalition)

Pathfinder
www.pathfinderpress.com
E-mail: Pathfinder@pathfinderpress.com

TABLA DE MATERIAS

Acerca de la autora   7

Prefacio
    Martín Koppel   9

En defensa de la clase trabajadora norteamericana
    Mary-Alice Waters   17

De Clinton a Trump: Cómo ha resistido el pueblo trabajador en Estados Unidos
    Biografías y palabras de los panelistas   49

La historia de lucha del Sindicato Unido de Mineros
    Radio Habana Cuba   61

Índice   71

Fotos

    Primero de Mayo, La Habana, 2018   *16*

    Taller Internacional Primero de Mayo, La Habana, abril 2018   *18*

    Huelgas de maestros, choferes de bus y otros empleados escolares en EEUU, 2018   *28–29*

Teamsters en huelga repelen ataque de policías y
"agentes especiales", Minneapolis, 1934   *35*

Protesta contra discriminación racial en ejército e
industrias bélicas, 1942; obreras ferroviarias, 1943   *38*

Boicot de buses en Alabama, 1955; Fidel Castro
habla en La Habana, 1962   *43*

Soldados en activo encabezan manifestación contra
guerra en Vietnam, San Francisco, 1968   *45*

"Chalecos amarillos" protestan en Francia, 2018;
victoriosos combatientes por la liberación de
Vietnam, abril 1975   *47*

Batallas de mineros del carbón en EEUU:
1981, 1989, 1943   *63–64*

ACERCA DE LA AUTORA

Mary-Alice Waters, miembro del Comité Nacional del Partido Socialista de los Trabajadores desde 1967, es presidenta de la editorial Pathfinder y directora de la revista *Nueva Internacional*. Fue reclutada a la política obrera revolucionaria a principios de los años 60 ante el impacto de la creciente lucha de masas que tumbó la estructura *Jim Crow* de segregación racial en Estados Unidos y de la revolución socialista en marcha en Cuba. Waters se unió a la Alianza de la Juventud Socialista en 1962 y al Partido Socialista de los Trabajadores en 1964. Ha ayudado a dirigir el trabajo del PST a nivel nacional e internacional, especialmente en la defensa de la Revolución Cubana y la lucha por la emancipación de la mujer.

Waters fue secretaria nacional y después presidenta de la AJS (1967–68). Cubrió para el *Militant* la rebelión obrero-estudiantil de 1968 en Francia y fue directora de ese semanario obrero de 1969 a principios de los 70.

Ella ha editado una serie de más de 30 libros sobre la Revolución Cubana, así como más de una decena de otros títulos. Waters ha dado charlas extensamente en Estados Unidos y otros países sobre la Revolución Cubana y sus lecciones para el pueblo trabajador y los jóvenes en todo el mundo.

PREFACIO

¿Indicó la elección de Donald Trump a la presidencia de Estados Unidos en 2016 un aumento en el racismo, la xenofobia, los prejuicios contra la mujer y demás formas de reacción en el seno del pueblo trabajador en Estados Unidos? ¿Es por eso que decenas de millones de trabajadores, de todas las razas, votaron por él?

¿Es capaz el pueblo trabajador norteamericano de hacer una revolución socialista? ¿Podemos descubrir nuestra propia fuerza cuando nos unimos para luchar por los intereses de nuestra clase y nuestros aliados explotados y oprimidos? ¿Podemos quitarle el poder estatal a la clase capitalista, establecer un gobierno de trabajadores y agricultores y dirigir la reorganización de la sociedad a favor de los intereses de la gran mayoría?

Mary-Alice da respuesta a estas preguntas —que muchos han hecho, no solo en Cuba sino en Estados Unidos y en todo el mundo— en la charla que se publica aquí. Waters, miembro del Comité Nacional del Partido Socialista de los Trabajadores y presidenta de la editorial Pathfinder, habló en una conferencia en La Habana, Cuba, que fue parte de las actividades que celebraban el Primero de Mayo, día internacional de la clase obrera. Esas actividades culminaron el 1 de mayo cuando más de un millón de trabajadores, agricultores, estudiantes y otros cubanos se volcaron a las calles de La Habana y por toda la isla en una muestra de apoyo a su revolución socialista.

Esta charla fue la primera parte de un programa especial sobre la lucha de clases en Estados Unidos. Le acompañó un panel titulado, "De Clinton a Trump: Cómo el pueblo trabajador en Estados Unidos está respondiendo a la ofensiva antiobrera de los patrones, sus partidos y su gobierno". Los panelistas eran dirigentes y partidarios del Partido Socialista de los Trabajadores con muchos años de experiencia en industrias básicas y sindicatos así como en la agricultura. Describieron las muchas formas entrelazadas de explotación y opresión capitalista que enfrenta el pueblo trabajador en Estados Unidos capitalista.

Waters y los panelistas hablaron sobre la manera en que los patrones han acelerado el ritmo de trabajo, han eliminado medidas de salud y seguridad en los centros laborales y han recortado salarios y pensiones. Sobre la creciente carga de los costos médicos. Sobre los recortes en los fondos para la educación, el transporte y otras necesidades sociales.

Ellos describieron el precio devastador que las familias de trabajadores y agricultores han pagado por los últimos 17 años de guerras libradas por Washington en Afganistán, Iraq y Siria. Por la crisis de adicción a las drogas opiáceas y la creciente tasa de suicidios entre adultos jóvenes en la flor de su vida. Por la expoliación del medio ambiente. Por las asombrosas tasas de encarcelamiento, especialmente de trabajadores que son africano-americanos, latinos e indígenas.

Informaron sobre el acceso cada vez más escaso a los servicios de aborto para la mujer. Sobre el creciente número de agricultores que pierden sus fincas en ejecuciones hipotecarias. Sobre la crisis de endeudamiento estudiantil que agobia a millones de jóvenes al ingresar a la fuerza laboral. Sobre la deportación de trabajadores nacidos en el exterior. Sobre los ataques a los derechos del pueblo trabajador que están garantizados por la Constitución, incluso al derecho a votar.

Mucho más importante aún, los oradores también explicaron cómo los trabajadores han luchado contra esta ofensiva de 40 años por parte de los patrones y su gobierno. Sobre todo destacaron la huelga de los maestros en Virginia del Oeste y el ímpetu que le dio a una ola de huelgas y protestas de empleados escolares en los primeros meses de 2018, que se propagaron a Oklahoma, Kentucky, Arizona y otros estados.

La presentación sobre la lucha de clases en Estados Unidos fue un aspecto importante del 12º Taller Científico Internacional Primero de Mayo, celebrado del 24 al 26 de abril de 2018. Los principales patrocinadores del evento fueron el Instituto de Historia de Cuba y la Central de Trabajadores de Cuba (CTC), la central sindical nacional. La mayoría de los 130 participantes llegaron de todas partes de Cuba. Otros llegaron de México, Argentina, Chile, Colombia, Estados Unidos, España y el Reino Unido. El encuentro se celebró en un histórico centro sindical y cultural, el Palacio de los Torcedores.

Ulises Guilarte, secretario general de la CTC, inauguró la conferencia con una presentación sobre los desafíos que hoy enfrentan los trabajadores cubanos y sus sindicatos. Esos desafíos asumen formas específicas en Cuba, explicó, porque "aquí la clase obrera está en el poder". Dirigentes del Sindicato del Comercio y la Gastronomía y del Sindicato de los Trabajadores del Turismo en Cuba, entre otros, dieron informes adicionales. Durante los tres días del encuentro se organizaron más de 20 paneles que abarcaban temas desde la historia del movimiento obrero en Cuba hasta la situación actual de los trabajadores y campesinos en países latinoamericanos.

El programa sobre la lucha de clases en Estados Unidos

se presentó el último día. Waters explicó que lo que está impulsando a los trabajadores —tanto los que en 2016 votaron por Hillary Clinton, por Donald Trump o se negaron a votar por uno u otro— no es un aumento en actitudes y acciones reaccionarias.

Al contrario, dijo. Hoy día entre las clases trabajadoras en Estados Unidos "existe una mayor receptividad que en cualquier momento de nuestras vidas políticas a considerar y debatir lo que pudiera significar una revolución socialista y por qué podría resultar necesaria. A considerar la idea de que nuestra clase es capaz de asumir la responsabilidad del poder estatal, y por qué deberíamos hacerlo".

Nunca sabríamos nada de esa realidad por lo que dicen los medios noticiosos burgueses, anotó Waters, pero sabemos que sí es cierto por nuestras propias experiencias. Es lo que hemos aprendido "de primera mano de los hombres y mujeres que conocemos cuando vamos de puerta en puerta en barrios obreros de todo tipo de composición racial y étnica —en ciudades, en pueblos, en el campo— de una punta de Estados Unidos a la otra, conversando sobre estos temas". Lo sabemos por nuestras conversaciones con compañeros de trabajo, en líneas de piquetes y en protestas en torno a temas desde el derecho a votar hasta la violencia policiaca y el medio ambiente.

¿Es posible una revolución socialista en Estados Unidos? No solo es posible, respondió Waters, sino que, "aún más importante, las batallas revolucionarias del pueblo trabajador son inevitables". Lo que no es inevitable es la victoria. Eso depende de la claridad política y ante todo la calidad y experiencia de la dirección proletaria.

Al describir las capacidades revolucionarias de las clases trabajadoras en Estados Unidos, Waters recurrió a experiencias en la lucha de clases que son parte de la memoria viva. Destacó las grandes campañas obreras de sindicalización de los años 30, así como las luchas de masas dirigidas por africano-americanos en los años 50 y 60 que derrumbaron el sistema *Jim Crow* de segregación racial en el Sur. Waters recordó el masivo movimiento contra la guerra de Washington en Vietnam, cuyo impacto penetró profundamente en la clase trabajadora, incluso entre los millones de conscriptos, lo cual sacudió la confianza de la clase dominante.

En el panel que siguió la charla de Waters participaron Jacob Perasso, conductor de tren de carga y sindicalista en Albany, Nueva York; Alyson Kennedy, cajera en una tienda de Walmart en Dallas, Texas, y anteriormente minera subterránea del carbón durante 14 años; Willie Head, quien ha sido pequeño agricultor toda su vida en el sur de Georgia; Róger Calero de Nueva York, quien participó en huelgas de empacadores de carne en Minnesota y de mineros del carbón en Utah; y Omari Musa, veterano de luchas sindicales en las industrias petrolera y ferroviaria y de la lucha por los derechos de los negros.

Harry D'Agostino, un joven trabajador y músico, no pudo sumarse al panel a último momento, pero el texto de sus palabras fue distribuido al público.

Después de la presentación hubo preguntas y discusión, que continuó de manera informal el resto de la tarde. Varios participantes dijeron que apreciaron especialmente la información concreta sobre las condiciones de trabajo y las luchas obreras en Estados Unidos. Se asombraron por los hechos presentados.

Una delegada de México comentó que lo que aprendió "cambió completamente mi visión de lo que está ocurriendo hoy en Estados Unidos".

∼

La charla de Waters aparece aquí junto con notas biográficas sobre los panelistas y resúmenes de sus palabras. También aparece el texto de un programa de Radio Habana Cuba, transmitido en 1981, sobre la historia de lucha de los mineros del carbón y del Sindicato Unido de Mineros (UMWA). Varios de los oradores aludieron a esa combativa historia y su legado vivo en Virginia del Oeste y toda la región montañosa carbonífera del este de Estados Unidos. Todos los conferencistas recibieron copias de la transmisión, reproducida de un reportaje del *Militante* de esa época.

∽

La ola de huelgas de los maestros menguó con el fin del año escolar. Como ha sucedido tantas veces en la historia de Estados Unidos, al acercarse los comicios estatales y congresionales en noviembre de 2018, el ímpetu de lucha se perdió y fue canalizado hacia el callejón sin salida de la política electoral capitalista. Pero las luchas del pueblo trabajador continúan.

Camioneros organizados por el sindicato Teamsters en los puertos de Los Ángeles y San Diego han efectuado acciones para exigir que sean reconocidos como empleados, y no como "contratistas independientes" que no reciben horas y salarios garantizados ni pueden obtener beneficios por desempleo. En el marco de esa lucha, por primera vez, la dirección de los Teamsters apoyó protestas contra la amenaza de deportación que enfrentan muchos de sus miembros a raíz de la decisión del gobierno norteamericano de terminar el Estatus de Protección Temporal (TPS) para más de 300 mil trabajadores oriundos de Honduras, El Salvador y Nicaragua así como de Haití, Nepal y Sudán.

Trabajadores en toda Florida se movilizaron para que más de un millón de ex presos en ese estado pudieran recuperar el derecho a votar. La contundente mayoría a favor de esa propuesta —un 64 por ciento de los electores, de todos los colores de piel y orígenes nacionales— desmintió aún más el argumento de los liberales de que hay un ascenso en ideas racistas y derechistas entre el pueblo trabajador. Trabajadores en Kentucky, Iowa y otros estados donde todavía hay leyes que restringen el derecho al voto de los ex reos se están organizando para aprovechar el ímpetu de esa victoria.

Miles de mineros del carbón, organizados por el UMWA, y otros sindicalistas se manifestaron el 12 de julio de 2018 frente al capitolio estatal en Columbus, Ohio, para oponerse a los intentos de los patrones de destruir sus pensiones. Trabajadores de McDonald's y otras cadenas de comida rápida, muchos de ellos adolescentes y jóvenes de poco más de 20 años, pararon labores en Detroit y otras ciudades el 4 de octubre para reclamar un salario básico de 15 dólares la hora. Se han dado protestas de tamaño considerable contra las muertes de jóvenes africano-americanos a manos de la policía en ciudades y pueblos por todo el país, desde Pittsburgh y Dallas hasta Hoover, Alabama.

Cuando se iba terminando la preparación de este libro, unos 8 mil trabajadores sindicalizados en 49 hoteles de la cadena Marriott, desde San Francisco y Honolulu hasta Chicago y Boston, salieron en huelga para reclamar aumentos salariales y rechazar un aumento en los ya muy elevados costos del seguro médico. Su postura resuelta y su consigna de lucha —"¡Un solo trabajo debe ser suficiente!"— ha tocado una fibra sensible entre millones de trabajadores en Estados Unidos que también se encuentran obligados a tener dos o tres empleos para subsistir.

Para estos y otros trabajadores que van cobrando confianza en sus propias capacidades para luchar y vencer, este libro ayuda a señalar el camino.

Martín Koppel
diciembre de 2018

GRANMA

Cientos de miles de trabajadores, agricultores y jóvenes desfilaron en La Habana el 1 de mayo de 2018 en apoyo a su revolución socialista.

La conferencia en La Habana celebrada del 24 al 26 de abril de 2018, bajo el auspicio del Instituto de Historia de Cuba y la Central de Trabajadores de Cuba, fue parte de las actividades de celebración del Primero de Mayo, día internacional de la clase trabajadora. Ese día más de un millón de cubanos se volcaron a las calles por toda la isla.

En defensa de la clase trabajadora norteamericana

MARY-ALICE WATERS

Gracias, René, por tu generosa presentación. En nombre de todos los que estamos presentando el programa de esta mañana sobre la lucha de clases en Estados Unidos, quiero agradecer al Instituto de Historia de Cuba, a la Central de Trabajadores de Cuba y a nuestros anfitriones aquí en el Palacio de los Torcedores por el privilegio —y la responsabilidad— que nos han ofrecido.

Hace seis meses, cuando el presidente del Instituto de Historia de Cuba nos pidió que preparáramos esta sesión del 12º Taller Científico Internacional Primero de Mayo, yo tenías mis dudas. "No somos ni historiadores profesionales ni investigadores académicos", le dije. "Somos trabajadores, sindicalistas, agricultores, comunistas, miembros y partidarios del Partido Socialista de los Trabajadores y Jóvenes

---

Charla ofrecida el 26 de abril de 2018 en una conferencia en La Habana, Cuba, organizada por el Instituto de Historia de Cuba y la Central de Trabajadores de Cuba. Waters fue presentada por René González Barrios, presidente del instituto.

MAYKEL ESPINOSA/JUVENTUD REBELDE

Arriba: Panel sobre la lucha de clases en Estados Unidos. Fue parte del Taller Internacional Primero de Mayo en La Habana, Cuba, abril 2018. Desde la izquierda: Willie Head, Omari Musa, Alyson Kennedy, Jacob Perasso, Mary-Alice Waters. Al podio (no en la foto) está Róger Calero.

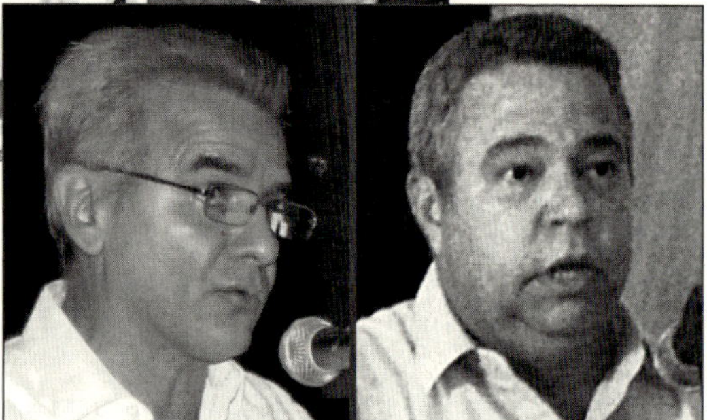

FOTOS DE LOURDES ORTEGA/INSTITUTO DE HISTORIA DE CUBA

Arriba: Parte del público. La mayoría de los 130 participantes eran de diferentes ciudades cubanas; varios delegados llegaron de otros países de América Latina, Norteamérica y Europa.

Abajo izquierda: René González Barrios, presidente del Instituto de Historia de Cuba, habla en la conferencia. **Derecha:** Ulises Guilarte de Nacimiento, secretario general de la Central de Trabajadores de Cuba, da informe inicial.

Socialistas. ¿Será apropiada nuestra participación?" Todos ustedes tienen las notas biográficas que preparamos sobre nuestros panelistas.[1] No voy a repetir lo que está en esas notas, solo decir que ustedes escucharán a personas que han vivido y trabajado en todas partes de Estados Unidos: en la agricultura y en empleos desde minas de carbón y refinerías de petróleo hasta ferrocarriles, talleres de costura, obras de construcción, mataderos, líneas de ensamblaje de autos, almacenes y enormes tiendas como Walmart, el empleador privado más grande en Estados Unidos, con 1.5 millones de trabajadores (y otros 800 mil a nivel mundial).

Desde luego, como trabajadores conscientes formamos parte de todas las batallas sociales, políticas y culturales que están en el centro de la lucha de clases de Estados Unidos. Y eso empieza con oponerse a toda agresión, a toda guerra, librada abierta o encubiertamente por el imperialismo norteamericano.

René escuchó pacientemente todas nuestras dudas. Después sonrió y dijo, "Eso es lo que necesitamos. En el Instituto de Historia hablamos con mucha gente que estudia a la clase trabajadora. También queremos oír a los que *son* trabajadores".

Pues, aquí estamos, y esperamos sus preguntas, inquietudes y comentarios, y sobre todo un debate provechoso.

Les aseguro de antemano que lo que les vamos a decir no es lo que normalmente se oye, ve o lee en los "medios masivos" o lo que ahora se denomina los "medios sociales". Yo prefiero decir "medios burgueses" porque es un calificativo más exacto en *ambos* casos.

Me voy a enfocar en dos preguntas que frecuentemente nos hacen:

---

1. Ver páginas 49–59.

Primero. La victoria electoral de Donald Trump en 2016 ¿indicó un aumento en el racismo, la xenofobia, el desprecio a las mujeres y demás formas de reacción ideológica entre el pueblo trabajador en Estados Unidos? ¿Es por eso que decenas de millones de trabajadores de todas las razas votaron por él?

Segundo. ¿Realmente es posible una revolución socialista en Estados Unidos? ¿O será que los que contestamos "Sí", sin reservas, somos una nueva variedad de socialistas utópicos e ilusos, por buenas que sean nuestras intenciones?

Un gigante empieza a despertar

La respuesta más clara y rotunda a la primera pregunta está llegando ahora mismo desde Virginia del Oeste hasta Kentucky, Oklahoma, Arizona y otros estados. La están dando decenas de miles de maestros y otros empleados públicos en estados donde Trump ganó por un amplio margen en 2016.

Hace menos de dos meses, en febrero y marzo, en el estado de Virginia del Oeste estalló en el escenario nacional una de las huelgas más importantes en un cuarto de siglo. Unos 35 mil maestros, trabajadores de limpieza, choferes de bus, trabajadores de comedores y otros empleados de escuelas públicas salieron en huelga todos juntos, desafiando decisiones judiciales que les niegan a los trabajadores públicos el derecho de huelga. Con el apoyo abrumador de sus comunidades, cerraron las escuelas en todos los condados del estado. ¡En cada uno! Un total de 55 condados. Eso sorprendió hasta a los maestros en lucha.

Esta acción se produjo después de muchos años de medidas de la clase dominante con las que recortaron fondos para comidas de los alumnos, libros de texto, materiales escolares, mantenimiento de edificios, salarios de maestros y otros empleados, así como la eliminación de muchas actividades denominadas extraescolares: deportes, artes, música y otros programas que los niños necesitan para aprender y crecer.

Virginia del Oeste es el corazón histórico de las regiones del carbón en Estados Unidos. Es donde se han librado algunas de las batallas sindicales más reñidas en la historia de Estados Unidos, como las que describió Radio Habana Cuba en la transmisión de la cual ustedes recibieron copias.[2] Durante mucho tiempo Virginia del Oeste ha sido también una de las zonas más devastadas económicamente del país. Hoy lo es aún más.

En las últimas cuatro décadas, los patrones del carbón y su gobierno, empeñados en reducir los costos laborales de los dueños y romperle el espinazo al Sindicato Unido de Mineros (UMWA), han librado una ofensiva sistemática contra las vidas y condiciones de los trabajadores.

Las compañías de carbón han cerrado cientos de minas en toda la región montañosa de los Apalaches, transfiriendo su capital al petróleo, al gas natural y otras fuentes de combustibles fósiles. Hoy día la mayor parte de la producción de carbón proviene de minas a cielo abierto en regiones occidentales de Estados Unidos, minas donde los patrones han logrado que la fuerza laboral no esté sindicalizada. Su único interés es aumentar sus tasas de ganancias, empleando a menos mineros.

Hace 50 años el UMWA, por mucho tiempo el sindicato más poderoso del país, representaba al 70 por ciento de los mineros. Hoy la cifra es del 21 por ciento.

No tenemos tiempo para relatar cómo se han cerrado clínicas en todas las regiones mineras —que el sindicato había ganado en luchas anteriores— porque los patrones del carbón han abandonado su obligación contractual de financiar-

---

2. Ver páginas 61–70.

las. Ni por qué la enfermedad respiratoria "pulmón negro", azote mortal de los mineros, cuya incidencia se había reducido en los años 70 y 80, se está propagando nuevamente en la región a paso acelerado. Ahora golpea a los mineros jóvenes con más virulencia debido a la falta de protección contra el polvo de carbón y silicio generado por la nueva tecnología minera, que es más fino y por ende más peligroso.

"En las últimas cuatro décadas, los patrones del carbón y su gobierno han librado una ofensiva contra las vidas y condiciones de los trabajadores".

Tampoco podemos describir cómo las empresas mineras han usado los procedimientos de quiebra, fallos judiciales y "restructuraciones" empresariales para declarar nulos los convenios sindicales, incumplir sus acuerdos de pensiones y eliminar los comités de salud y seguridad controlados por el UMWA. A través de estos comités sindicales, conquistados en batallas anteriores, los propios mineros ejercían su facultad de parar labores durante *cualquier* turno de trabajo ante *cualquier* tipo de condiciones peligrosas.

Sobre estos temas les hablará más una de nuestros panelistas, Alyson Kennedy, quien trabajó 14 años como minera subterránea del carbón.

Las consecuencias de estas décadas de ataques se ven en las estadísticas.

Hoy día Virginia del Oeste tiene el ingreso familiar medio más bajo de todos los estados salvo uno, Mississippi. Hay solo tres estados —Oklahoma, Dakota del Sur y Mississippi— donde los maestros ganan menos que en Virginia del Oeste.

De acuerdo con las cifras oficiales del gobierno norteamericano que incluyen a los llamados trabajadores desanimados —aquellos que no han encontrado empleo por tanto tiempo que por el momento han dejado de buscar— Virginia del Oeste tiene la tercera tasa más alta de desocupación del país: superó el 10 por ciento en 2017.

Ese estado es un epicentro de la crisis de drogadicción en Estados Unidos. Tiene la tasa de sobredosis por opiáceos más elevada en el país. Y la crisis de drogas sigue creciendo, lo cual se expresa en un hecho contundente: la expectativa de vida en Estados Unidos *ha disminuido* durante tres años consecutivos, de 2015 a 2017.

A este cuadro hay que agregar el precio no muy oculto de las incesantes guerras de Washington, cuyo peso, como siempre, recae más sobre las familias de trabajadores y agricultores en las regiones más deprimidas. Entre los veteranos de las guerras en Afganistán, Iraq, Siria y otros países, la tasa de suicidios es de 20 por día. Sí, escucharon bien. *Veinte por día.*

Podríamos añadir más, pero no es necesario.

Lo fundamental es que, sin comprender la devastación de la vida de familias obreras en regiones como Virginia del Oeste (y muchas más, desde Nuevo México hasta Ohio, Kentucky y Nuevo Hampshire) —sin entender el enorme aumento, desde la crisis financiera de 2008, en la desigualdad de *clase*, incluida la creciente desigualdad *dentro* de las clases trabajadoras y capas medias— *no se puede comprender lo que está pasando en Estados Unidos.*

Hay que comparar este panorama de devastación con la vida de las capas altas de la clase media en lugares como Silicon Valley (Valle del Silicio) y distritos aún más exclusivos (que no son los *más* exclusivos) en centros poblacionales como Nueva York, Washington y San Francisco.

Esta devastación que vive el pueblo trabajador no solo es consecuencia de la crisis capitalista mundial de producción y comercio, que comenzó a mediados de los años 70 y sigue creciendo. También es consecuencia de las *políticas* iniciadas por la administración demócrata de los dos Clinton en los años 90, y seguidas con igual fuerza por la administración republicana de George W. Bush y la demócrata de Barack Obama.

• La eliminación de la ayuda federal para los hijos de madres solteras y los recortes drásticos en otros programas de asistencia social a todos los niveles.

• Las medidas y leyes disfrazadas con nombres como la "guerra contra las drogas" y los llamados a imponer más "justicia penal", que han convertido a Estados Unidos en el país con la mayor tasa de encarcelamiento en el mundo. Con poco más del 4 por ciento de la población mundial, Estados Unidos cuenta con un 25 por ciento de todos los presos en el planeta. Cabe añadir que nuestros cinco hermanos cubanos vivieron e hicieron su trabajo político durante 16 años entre esos presos.[3]

---

3. En septiembre de 1998 la administración Clinton anunció que había descubierto una "red de espías cubanos" en Florida y que el FBI había arrestado a 10 de sus miembros. En junio de 2001 los cinco sometidos a juicio —Fernando González, René González, Antonio Guerrero, Gerardo Hernández y Ramón Labañino— fueron declarados culpables de "conspiración para actuar como agente extranjero no inscrito". Además, Guerrero, Hernández y Labañino fueron declarados culpables de "conspiración para cometer espionaje", y Hernández de "conspiración para cometer homicidio". Las sentencias variaban desde 15 años hasta doble cadena perpetua más 15 años en el caso de Hernández.

Los cinco revolucionarios —hoy "Héroes de la República de Cuba— habían aceptado la misión de mantener informado al gobierno cubano sobre grupos contrarrevolucionarios en Estados Unidos que planificaban ataques terroristas contra Cuba. La dignidad y fortaleza de los Cinco, los esfuerzos incansables del gobierno cubano y la amplia campaña internacional a favor de su excarcelación finalmente lograron la libertad de los últimos tres —Hernández, Labañino y Guerrero— el 17 de diciembre de 2014. El mismo día, los presidentes Raúl Castro y Barack Obama anun-

Todos estos son temas que se explican y se documentan en varios de los libros más leídos de la editorial Pathfinder, y que pueden obtener ahí en la mesa que muchos de ustedes ya han visitado. Están *El historial antiobrero de los Clinton* y *¿Son ricos porque son inteligentes?*, ambos de Jack Barnes, secretario nacional del Partido Socialista de los Trabajadores. Está *Son los pobres quienes enfrentan el salvajismo del sistema de 'justicia' en Estados Unidos*, donde los Cinco Cubanos, según se los conoce a nivel mundial, hablan sobre sus experiencias como parte de la clase obrera de Estados Unidos que está entre rejas.

Trabajadores en Virginia del Oeste resisten

Muchas veces cuando explicamos estas realidades sociales a trabajadores aquí en Cuba (y en otros países), ellos preguntan: "¿Por qué la gente acepta esta situación? ¿Por qué no se ha visto resistencia?"

Nuestra respuesta es siempre la misma: "Sí hay resistencia. Los trabajadores nunca dejan de buscar formas de luchar… y de *actuar* cuando encuentran las vías". Pero si uno no forma parte de la clase trabajadora, no se da cuenta de lo que está pasando hasta que estalla.

Ningún trabajador sale en huelga hasta que haya agotado otras opciones. Hasta que piense que ya no le queda más remedio.

La huelga de los maestros de Virginia del Oeste fue precisamente esa clase de erupción volcánica. Pareció estallar de la nada, pero se había ido gestando durante años. Sus raíces eran profundas.

Cuando los maestros y otros empleados escolares pararon labores, cuando vieron su propia fuerza numérica,

---

ciaron la restauración de las relaciones diplomáticas entre los dos países, que Washington había cortado unos 55 años atrás.

también creció mucho su confianza y su voluntad. Con el apoyo de sus alumnos, familias, sindicatos e iglesias —y con una memoria viva de las muchas recias luchas de los mineros— organizaron comidas para los estudiantes y los huelguistas. Se coordinaron actividades diurnas para los niños. Se recolectó ropa y fondos. Y mucho más.

Siguiendo las mejores tradiciones del sindicalismo —y como precursora del combativo movimiento sindical que volverá a forjarse— la huelga mostró elementos de un auténtico movimiento social que luchaba por las necesidades de toda la clase trabajadora y sus aliados.

"Lo que estamos presenciando es cómo se levanta toda una clase de gente", le expresó orgullosamente un trabajador a un reportero.

Y tenía razón. Estos eran los hombres y las mujeres a quienes Hillary Clinton, durante su campaña presidencial, había catalogado con desprecio como una "canasta de deplorables". Gente de las vastas zonas "retrógradas" (¡fue lo que dijo!) del país entre Nueva York y California. Gente que ella tachó de "racistas, sexistas, homofóbicos, xenofóbicos". Y especialmente las mujeres, "mujeres blancas casadas" que, según dijo Clinton a sus públicos, eran demasiado débiles para resistir "la presión de votar como te dice tu esposo, tu patrón, tu hijo."

¿Acaso fue una sorpresa que Trump haya ganado en Virginia del Oeste por un voto del 69 por ciento contra el 27 por ciento para Clinton?

La *mejor* clase de personas que libró esta lucha por toda Virginia del Oeste no solo cerró todas las escuelas durante nueve días. También movilizaron a miles de manifestantes día tras día para ocupar el capitolio estatal. En medio del paro, los maestros rechazaron la propuesta de su dirigencia sindical de aceptar una promesa de acuerdo del gobernador. *Ya habían escuchado promesas.* Se mantuvieron en huelga hasta que obligaron a la legislatura a aprobar y al gobernador a promulgar un aumento salarial del 5 por ciento. No solo para el personal escolar sino para todos los empleados estatales.

Una masa confiada de vencedores, con sus camisetas rojas, salió marchando del capitolio con gritos de: "¿Quién hizo historia? ¡*Nosotros* hicimos historia!"

"Siguiendo las mejores tradiciones del sindicalismo, y como precursora del combativo movimiento obrero que volverá a forjarse, la huelga mostró elementos de un auténtico movimiento social".

Al regarse la noticia por todo el país, los maestros en Oklahoma, Kentucky, Arizona y otros estados se preparaban para sus propias huelgas. Su grito de batalla era: "¡No nos obliguen a hacerles como en Virginia del Oeste!"

Van a escuchar más acerca de todo esto con el panel de esta mañana.

Lo que ha pasado en Virginia del Oeste es una refutación viva de la imagen de una clase trabajadora "retrógrada" y guiada por prejuicios, según la pinta —casi sin excepción— una amplia gama de liberales de clase media y buena parte de la izquierda radical en Estados Unidos y también a nivel mundial. Donald Trump no es el único a quien obsesivamente quieren enjuiciar. El blanco de su ataque —y el objeto de su creciente temor— es esa clase de personas que se están levantando, muchos de los cuales votaron por Trump.

Lo que impulsa las acciones de decenas de miles de trabajadores como estos no es un odio a los mexicanos, musulmanes y africano-americanos, ni un deseo de confinar

"En Virginia del Oeste estalló una de las batallas obreras más importantes en EEUU en un cuarto de siglo".

EMMA JOHNSON/MILITANTE

LILY ALTAVENA/AZCENTRAL

Maestros, choferes de bus, trabajadores de comedores y conserjes cerraron las escuelas en los 55 condados del estado, ganando un alza salarial para todos los empleados estatales. El paro mostró elementos de un movimiento social que luchaba por las necesidades del pueblo trabajador.

Arriba: Huelguistas frente al capitolio estatal, Charleston, Virginia del Oeste, febrero 2018.

Izquierda: En Hurricane, Virginia del Oeste, voluntarios en iglesia empacan comida para alumnos que dependen de almuerzos escolares. Se organizaron esfuerzos similares en todo el estado.

Derecha: Phoenix, Arizona, marzo 2018. Maestros en huelga. Los carteles en muchas protestas reflejaban el impacto de la huelga de Virginia del Oeste. El letrero dice: "No me obliguen a hacerles como en Virginia del Oeste".

MILITANTE

Las huelgas de maestros, dijo Waters, fueron "una refutación viva de la imagen de una clase trabajadora 'retrógrada', según la pintan liberales de clase media y la izquierda radical. Donald Trump no es el único a quien quieren destituir. El blanco de su ataque —y el objeto de su creciente temor— es esa clase de personas que se están levantando, muchas de las cuales votaron por Trump".

CHIP BOK/CREATORS.COM

Arriba: Choferes de bus en huelga y partidarios en base de buses, Hurricane, Virginia del Oeste, marzo 2018. El cartel a la derecha denuncia recortes en cobertura médica anunciados por agencia estatal PEIA.

Caricatura: La mujer dice: "Claro que quiero que destituyan a Trump. Pero sobre todo quiero que destituyan a los deplorables que votaron por él.

a las mujeres en el hogar, descalzas y embarazadas. ¡Miren nomás las fotos, que tenemos expuestas aquí, de las mujeres en Virginia del Oeste, Kentucky, Arizona y otros lugares, que han estado al frente de las luchas de los maestros! Los trabajadores que están enfrascados en estas luchas no están clamando por un muro fronterizo. No están manoseando a mujeres ni están marchando con capuchas del Ku Klux Klan y quemando cruces. Están reclamando dignidad y respeto para ellos y sus familias, para todos los trabajadores como ellos.

Y no sienten más que desconfianza y odio creciente hacia lo que identifican como "la clase política" —tanto republicanos como demócratas— en Washington y en todas las capitales estatales del país. Por eso las exclamaciones de "¡Vaciemos el pantano!" tuvieron una resonancia mucho más allá de los que votaron por Trump. No son actitudes reaccionarias lo que impulsa a la mayoría de estos trabajadores. Pero tampoco es una conciencia de clase política independiente. Eso solo puede desarrollarse con el tiempo, a través de *acciones obreras en gran escala en las líneas de piquetes y en las calles*.

No pretendemos saber a qué ritmo se desarrollarán estas luchas ni qué formas asumirán, pero sí sabemos que se verán caracterizadas por el tipo de solidaridad que floreció en Virginia del Oeste.

Si hay una cosa que ustedes van a recordar de nuestra presentación esta mañana, espero que sea esto:

Hoy entre el pueblo trabajador de Estados Unidos existe una mayor receptividad que en cualquier momento de nuestras vidas políticas a considerar y debatir lo que podría significar una revolución socialista y por qué pudiera resultar necesaria. A considerar la idea de que nuestra clase es capaz de asumir la responsabilidad del poder estatal, y por qué deberíamos hacerlo. A darnos cuenta que podemos convertirnos en seres humanos diferentes a través de estas luchas.

Esa receptividad política, ese interés político, es tan grande entre los que votaron por Trump como entre los que votaron por Clinton, o los que —en números récord— no pudieron soportar la idea de votar ni por uno ni por el otro de los candidatos presidenciales.

Esto no lo sabemos por las encuestas o por los reportajes de los medios noticiosos burgueses. Lo sabemos a partir de nuestras propias experiencias y de nuestros familiares regados por todo el país. Lo sabemos de primera mano de los hombres y las mujeres que conocemos cuando vamos de puerta en puerta en barrios obreros urbanos y rurales de todo tipo de composición racial y étnica, de una punta de Estados Unidos a la otra, conversando sobre estos temas con miles de trabajadores. Con quien sea que abra la puerta.

¿Revolución socialista en Estados Unidos?

Esto nos lleva a la segunda pregunta. ¿Realmente es posible una revolución socialista en Estados Unidos?

Hace dos meses nos preguntó eso un joven aquí en La Habana, estudiante del Instituto Superior de Relaciones Internacionales del ministerio del exterior. Él dijo que no lo creía posible. El poderío económico y militar de Washington es demasiado grande, y la clase trabajadora demasiado retrógrada. Insistió en que el imperialismo norteamericano tendrá que ser derrocado "desde afuera".

Los miembros del Partido Socialista de los Trabajadores indudablemente estamos entre una pequeña minoría, incluso entre los que se llaman socialistas, que afirmamos sin reservas: "Sí, una revolución socialista es posible en Estados Unidos". Y yo agregaría que ningún movimiento emancipador puede jamás ser impuesto "desde afuera" *en ningún país*. Solo podrá triunfar a través de las acciones de millones de personas.

No solo decimos que una revolución socialista es posible en Estados Unidos. Aún más importante, las luchas revolucionarias del pueblo trabajador son *inevitables*. Los ataques de las clases propietarias, impulsadas por la crisis, nos obligarán a librar esas luchas, como acabamos de ver en Virginia del Oeste. Y esas batallas se verán entrelazadas, como siempre, con el ejemplo de resistencia y lucha de otros productores oprimidos y explotados alrededor del mundo.

Lo que *no* es inevitable es el resultado. Es ahí donde es tan decisiva la claridad política, la organización, las experiencias anteriores, la disciplina y, ante todo, la calidad y experiencia de la dirección proletaria.

Nuestra confianza proviene de las luchas de clases en las que nosotros mismos hemos participado, como también de lo que aprendimos directamente de los trabajadores templados en la lucha que nos reclutaron al movimiento comunista. Les daré solo tres ejemplos.

Grandes conquistas obreras de los años 30

Los que reclutaron a mi generación figuraron entre los fundadores del primer Partido Comunista en Estados Unidos en 1919. Fueron delegados a los congresos de fundación de la Internacional Comunista. Fueron dirigentes de las grandes batallas obreras de los años 30, luchas que en pocos años dejaron atrás los sindicatos empresariales, divididos por gremios, de la Federación Americana del Trabajo y forjaron un poderoso movimiento social que organizó sindicatos a nivel industrial en casi todas las industrias básicas.

En su punto más alto a finales de los años 40, un 35 por ciento de la clase obrera en el sector privado estaba sindicalizada, habiendo aumentado del 7 por ciento en 1930 (cifra cercana a la actual de 6.5 por ciento). Las lecciones que aprendimos de la rapidez y fuerza de esa transformación —incluyendo las batallas campales no solo con la policía y los matones de los patrones, sino con bandas fascistas y tropas de la Guardia Nacional enviadas a romper huelgas— fueron todas parte de nuestra formación básica.

> "**Las luchas revolucionarias del pueblo trabajador son inevitables. Las clases propietarias, impulsadas por la crisis, nos obligarán a librar esas luchas**".

La historia del ascenso del CIO —el Congreso de Organizaciones Industriales— se narra con riqueza de detalles en uno de los libros que encontrarán al fondo de esta sala en la mesa de Pathfinder, *Labor's Giant Step* (El paso de gigante del movimiento obrero), de Art Preis. Él fue uno de los principales reporteros sindicales del *Militant* por muchos años.

Pero lo que hoy quiero destacar es la más trascendental y políticamente importante de las luchas obreras de los años 30: la campaña de sindicalización de los Teamsters, el sindicato de choferes de camión. Fue una campaña que empezó en 1934 en la ciudad de Minneapolis, en la región norte-central del país, y que en su punto álgido en 1938–39 se extendió a una región casi del tamaño del subcontinente indio. ¡Sí, del subcontinente indio!

La rica historia y lecciones de esta campaña están documentadas en cuatro tomos extraordinarios: *Rebelión Teamster, Poder Teamster, Política Teamster* y *Burocracia Teamster*. Hoy nos da mucho placer tener por primera vez estos cuatro tomos en español, y disponibles en este encuentro.

Farrell Dobbs, autor de la serie sobre los Teamsters, a los 27 años estaba trabajando en un depósito en Minneapolis, paleando carbón, cuando surgió como dirigente de las huelgas de 1934 que convirtieron esa ciudad en un bastión sindical. Fue el principal organizador de la campaña que sindicalizó a decenas de miles de camioneros de larga distancia desde Tennessee hasta Dakota del Norte, Texas y Ohio. En 1940 renunció a su cargo nacional de organizador general de los Teamsters para pasar a ser secretario nacional responsable del trabajo sindical del Partido Socialista de los Trabajadores. Durante la Segunda Guerra Mundial fue encarcelado junto a otros 17 dirigentes del Local General de Choferes 544-CIO y del Partido Socialista de los Trabajadores por organizar la oposición obrera a los objetivos bélicos imperialistas del gobierno norteamericano. Más tarde fue secretario nacional del PST durante 20 años.

Más que cualquier otra experiencia sindical, la campaña organizadora de los Teamsters nos enseñó lo que la clase trabajadora norteamericana es capaz de hacer cuando se despierta al calor de la lucha. Nos enseñó cómo la clase obrera puede aprender rápidamente lo que significa la independencia política de clase y el internacionalismo proletario, y empezar a transformar el movimiento sindical en instrumento de lucha revolucionaria para toda la clase y sus aliados.

Entre las experiencias de las que aprendimos estuvo la campaña que organizó un sindicato *general* de choferes: un sindicato industrial que aglutinó desde los choferes que transportaban carbón y alimentos hasta los taxistas, obreros de almacén y choferes de larga distancia. Organizaron como aliados a los desempleados, los agricultores, las mujeres y los choferes independientes dueños de sus propios camiones. Crearon y entrenaron una Guardia de Defensa Sindical disciplinada que frenó en seco una campaña fas-

"La lección principal que los militantes sindicales pueden aprender de las experiencias de Minneapolis no es que, con una correlación de fuerzas adversa, los trabajadores pueden ser vencidos, sino que, con la debida dirección, pueden vencer". —*Farrell Dobbs*

SOCIEDAD DE HISTORIA DE MINNESOTA

Las huelgas que el sindicato de camioneros Teamsters en Minneapolis ganó en 1934, junto a las batallas victoriosas de los obreros portuarios en California y los automotrices en Ohio, sentaron un ejemplo que llevó a la sindicalización de las industrias automotriz y siderúrgica y de casi todas las industrias básicas antes del fin de la década.

Arriba: Huelguistas Teamsters se defienden de sangrientos ataques de la policía y "agentes especiales". En mayo de 1934, cientos de trabajadores en Minneapolis pusieron en desbandada a policías y matones contratados por los patrones.

cista de reclutamiento promovida por los patrones. Aprendimos de la experiencia de cómo los militantes sindicales ampliaron su visión internacional al observar los acontecimientos en Alemania, China y España y al hacer frente a pandillas de matones antijudíos. Había una creciente conciencia de que los trabajadores necesitaban entrar al escenario político como fuerza de clase independiente, con su propio partido.

> "Más que otra experiencia sindical, la campaña organizadora de los Teamsters en los 30 nos enseñó lo que la clase obrera en EEUU es capaz de hacer cuando se despierta al calor de la lucha".

Esa rápida evolución llegó a su fin en 1939–40, ante las intensificadas presiones de la campaña bélica imperialista de Washington sobre el movimiento sindical. Pero como escribe Dobbs en su epílogo a *Burocracia Teamster*: "La lección principal que los militantes sindicales pueden aprender de las experiencias de Minneapolis no es que, con una correlación de fuerzas adversa, los trabajadores pueden ser vencidos, sino que, con la debida dirección, ellos pueden vencer".

Y esa es también la lección principal que aprendimos de los hombres y mujeres que, bajo el liderazgo de Fidel, dirigieron la Revolución Cubana a la victoria.

Cómo se tumbó el sistema 'Jim Crow'
Ninguno de los integrantes de este panel vivió las grandes batallas obreras de los años 30. Pero varios de nosotros sí formamos parte de las generaciones que se vieron

transformadas por nuestras experiencias en otra lucha proletaria profundamente revolucionaria: el movimiento de masas de los años 50 y 60 que derrocó al sistema de segregación racial institucionalizada en el sur de Estados Unidos, conocido como el sistema *Jim Crow*. Esa exitosa lucha cambió para siempre las relaciones sociales tanto en el Norte como en el Sur, incluyendo en el seno de la clase trabajadora y los sindicatos.

Ese es el segundo ejemplo que voy a destacar para explicar nuestra confianza de que sí es posible una revolución socialista en Estados Unidos.

Las raíces de la batalla que tumbó al sistema Jim Crow se encuentran en las décadas de resistencia a la violencia y al terror contrarrevolucionario contra los africanoamericanos que reinó en el Sur tras la abolición de la esclavitud en 1863 durante la Guerra Civil. Esa guerra fue parte de la Segunda Revolución Norteamericana. Los gobiernos populares revolucionarios —en algunos casos dirigidos por negros— que tomaron el poder en los estados de la antigua esclavocracia fueron traicionados por las fuerzas ascendentes del capital financiero. Ya para 1877 la Reconstruccíon Radical, como se conocía, había sido ahogada en sangre.

Sin embargo, 75 años más tarde, las condiciones objetivas a finales de los años 50 que dieron lugar a otra poderosa ola de luchas ya eran muy diferentes. La lucha revolucionaria que popularmente se conoce como el movimiento de derechos civiles fue producto ante todo de:

- Las batallas obreras de masas de los años 30, que lucharon por la integración racial de la fuerza laboral en las industrias automotriz, del acero, del transporte por camión y muchas otras.
- Las convulsiones sociales de la Segunda Guerra Mundial. Esto incluyó el éxodo de las zonas rurales del Sur y

Las convulsiones sociales de la II Guerra Mundial fueron una de las raíces del movimiento proletario de masas que derrocó el sistema de segregación Jim Crow. Cientos de miles de trabajadores y agricultores africano-americanos sirvieron en unidades segregadas y peligrosas de las fuerzas armadas norteamericanas. Millones fueron incorporados a industrias y otros empleos urbanos.

Arriba: Nueva York, 1942. Manifestación exige fin de la segregación en las fuerzas armadas y de la discriminación en industrias bélicas, y condena caso amañado y ejecución de Odell Waller, un aparcero negro en Virginia.

Abajo: Clovis, Nuevo México, marzo 1943. Las ferroviarias Almeta Williams, Beatrice Davis, Lisa Goss y Abbie Caldwell, algunas de las mujeres que fueron contratadas para empleos industriales de las que antes habían sido excluidas.

la incorporación acelerada de millones de trabajadores africano-americanos, tanto hombres como mujeres, a las industrias y otros empleos urbanos en el Norte y el Sur. Eso fue parte de lo que se llegó a conocer como la Gran Migración, que había comenzado durante la primera guerra mundial imperialista. Incluyó el reclutamiento de cientos de miles de soldados negros que fueron destinados a unidades segregadas y peligrosas, supuestamente "no destinadas al combate", en las fuerzas armadas norteamericanas durante la Segunda Guerra Mundial.

- La desegregación de las fuerzas armadas norteamericanas que empezó durante los años de "paz" entre el bombardeo atómico a Japón en 1945 y la invasión, división y ocupación de Corea organizada por Washington en 1950. En 1951, ante la resistencia decidida de los soldados coreanos y los efectivos chinos que los apoyaban, así como el creciente descontento entre los soldados negros en las unidades segregadas, las unidades de combate del ejército también fueron integradas racialmente.
- La ola de victoriosos movimientos de liberación nacional que se propagó por el mundo colonial durante y después de la Segunda Guerra Mundial, desde China, Corea, Vietnam e Indonesia hasta India, África y el Caribe. La Revolución Cubana marcó el punto más avanzado de estas batallas de liberación nacional.
- La burda hipocresía y bancarrota moral de los gobernantes norteamericanos, quienes alegaban que habían instigado y librado esa segunda matanza imperialista en nombre de la "democracia", "libertad" e "igualdad".

Para mi generación, y la de varios otros aquí presentes, los años de luchas de masas que derrocaron el prototipo norteamericano del apartheid fueron una escuela de acción popular revolucionaria: *nuestra* escuela.

Fue entonces que aprendimos disciplina. Que descubrimos el poder que teníamos, no como individuos sino gracias a nuestros números y sobre todo nuestra organización. Fue entonces que aprendimos a participar en debates acalorados pero respetuosos en el seno del movimiento. Que aprendimos a ser políticos y no ingenuos, al sumarnos a las inevitables batallas entre diferentes fuerzas de clase que ardían en el movimiento por los derechos del pueblo negro.

Uno de los mitos sobre la lucha de masas para derrocar al Jim Crow es que fue un movimiento pacifista. Que todos los que participaban se oponían, como principio, a empuñar las armas en defensa propia contra la violencia del Ku Klux Klan, el Consejo de Ciudadanos Blancos y semejantes grupos extrajudiciales que estaban muy entrelazados con el Partido Demócrata y los departamentos de policía en todo el Sur y algunas partes de los estados fronterizos.

Los hechos demuestran lo contrario. Fueron trabajadores con adiestramiento militar y experiencia de combate en la Segunda Guerra Mundial y Corea quienes en Louisiana formaron el grupo Diáconos por la Defensa y la Justicia, así como una sección local de la organización pro derechos civiles NAACP en Monroe, Carolina del Norte, para proteger a sus comunidades y a sus hijos que estaban marchando. Martin Luther King estuvo protegido por una seguridad muy bien organizada.

Ante todo, nos identificamos con Malcolm X y aprendimos de él, a medida que él fue trazando más y más conscientemente una trayectoria revolucionaria, internacionalista y después, sí, proletaria. A medida que trazó un camino para unir fuerzas con aquellos a nivel mundial, sin importar el color de la piel, que comprendían que somos combatientes en un conflicto mundial "entre los que quieren libertad, justicia e igualdad y los que quieren continuar los sistemas de explotación".

Para muchos de nosotros, fue ese masivo movimiento negro y proletario en Estados Unidos, combinado con el ejemplo de los trabajadores y agricultores de Cuba y el avance de su revolución, lo que infundió en *nuestra* generación una confianza inquebrantable en las capacidades revolucionarias del pueblo trabajador.

La historia de cómo se juntaron para nosotros esas dos luchas revolucionarias se narra en uno de los libros más importantes que ustedes encontrarán en la mesa de Pathfinder al fondo de la sala: *Cuba y la revolución norteamericana que viene*, de Jack Barnes.

"Los años de luchas de masas que derrocaron el prototipo norteamericano del apartheid fueron una escuela de acción popular revolucionaria: nuestra escuela".

"El principal obstáculo a la marcha histórica de los trabajadores y agricultores", dice Jack en esas páginas, "es la tendencia, promovida y perpetuada por las clases explotadoras, a subestimarnos, a subestimar lo que podemos lograr, a dudar de nuestra propia valía".

Los trabajadores y agricultores de Cuba nos mostraron que con la solidaridad de clase, conciencia política, valentía, trabajo concentrado y persistente de educación, y una dirección revolucionaria de la talla de la cubana —probada y forjada al calor de la lucha y el sacrificio a través de los años— es posible hacer frente a un poderío enorme, hacer frente a fuerzas númericas que inicialmente parecen representar probabilidades insuperables, *y vencer*. Y entonces acelerar la edificación de una sociedad verdaderamente *nueva*, dirigida por la única clase capaz de hacerlo.

Esos fueron los fundamentos de la formación política de mi generación.

Vietnam y la guerra imperialista
Cuando triunfó la lucha proletaria de masas contra el sistema Jim Crow, nuestra confianza en las capacidades revolucionarias de la clase trabajadora norteamericana se profundizó gracias al tercer ejemplo que voy a señalar. Esa fue la batalla para poner fin a la guerra de la clase gobernante norteamericana contra el pueblo de Vietnam. Nunca dudamos que el pueblo vietnamita —junto con los que estábamos decididos a defender su lucha por la soberanía y unificación nacional— iba a vencer.

En el transcurso de esa lucha, cuando millones de personas llegaron a engrosar las movilizaciones contra la guerra, las crecientes fisuras en el tejido social norteamericano infundieron *miedo* a los gobernantes de Estados Unidos.

Estallaron masivas rebeliones en los *ghettos* negros de grandes ciudades en el Norte, culminando con las que se extendieron a casi todas las ciudades del país en 1968 tras el asesinato de Martin Luther King. Fue un asesinato político a sangre fría en medio de una huelga de trabajadores recolectores de basura en Memphis, Tennessee, donde King estaba movilizando la solidaridad hacia ellos.

Para tratar de intimidar y acallar las protestas contra la guerra y las que estallaban en los ghettos, los gobernantes norteamericanos recurrieron más y más a movilizar la Guardia Nacional. En mayo de 1970, cuando manifestaciones de proporciones inauditas estaban sacudiendo Estados Unidos en oposición a la invasión norteamericana de Camboya, sobre la frontera con Vietnam, dos estudiantes en la Universidad Estatal de Jackson en Mississippi y cuatro estudiantes en la Universidad Estatal de Kent en Ohio

"El masivo movimiento negro y proletario que combatía la segregación *Jim Crow* en EEUU, combinado con el ejemplo de los trabajadores y agricultores de Cuba, infundió en nuestra generación una confianza inquebrantable en las capacidades revolucionarias del pueblo trabajador".

RADIO REBELDE

Arriba: Montgomery, Alabama, diciembre 1955. Primera asamblea de masas a favor de un boicot al transporte municipal para oponerse a leyes que obligaban a los negros a sentarse en los asientos traseros del autobús. El movimiento pro derechos de los negros abarcó a millones de personas. Derrocó un sistema de segregación racial en el Sur semejante al apartheid sudafricano.

Abajo: La Habana, febrero 1962. Un millón de personas manifiestan su apoyo a la Segunda Declaración de La Habana, que Fidel Castro está leyendo. Con la victoria revolucionaria el año anterior en Playa Girón (Bahía de Cochinos) —primera derrota militar de Washington en América— el pueblo de Cuba había brindado un ejemplo al mundo de que "la revolución es posible", dijo el líder cubano.

fueron abatidos a tiros por efectivos de la Guardia Nacional que ocupaban esos recintos. Las manifestaciones se extendieron más y su impacto penetró más profundamente.

Los gobernantes de Estados Unidos y sus sirvientes se vieron profundamente estremecidos por la manera en que se propagó la masiva oposición a la guerra en Vietnam, no solo entre los estudiantes y los crecientes millones de trabajadores, sino entre las filas del ejército de conscriptos, especialmente los que estaban siendo enviados a combatir en Vietnam. La marea cambió.

De esto se trató la crisis política burguesa conocida como Watergate y la destitución del presidente Richard Nixon: fueron los temblores de miedo entre la clase dominante de Estados Unidos.

Son experiencias de la vida como estas las que nos han enseñado algo sobre la dinámica política que inevitablemente será parte de una victoriosa revolución socialista norteamericana.

∼

Un último punto.

El mundo en que vivimos hoy no se encamina a un futuro de paz y prosperidad capitalista. Para creer que sí, habría que pensar que las familias dominantes del mundo capitalista y sus brujos financieros han encontrado la forma de "manejar" el capitalismo en crisis. Que han descubierto la manera de evitar crisis financieras aplastantes y descalabros de producción, comercio y empleo.

Habría que pensar que la crisis crediticia que estalló en 2007–2008 fue una aberración y no se repetirá, esta vez con consecuencias aún más devastadoras para el pueblo trabajador.

Pero es todo lo contrario.

La crisis del capital financiero no es un ajuste cíclico a

"**Los gobernantes de EEUU se vieron estremecidos por la masiva oposición a la guerra de Vietnam, incluso entre las filas del ejército de conscriptos**".

N.J. BROWN

San Francisco, octubre 1968. Unos 500 soldados en activo, que en algunos casos arriesgaban ser sometidos a juicio militar por marchar vistiendo el uniforme, encabezan manifestación de 15 mil personas contra la guerra en Vietnam.

"Al triunfar la lucha contra el sistema Jim Crow", dijo Waters, "nuestra confianza en las capacidades revolucionarias de la clase trabajadora norteamericana se profundizó con la batalla para poner fin a la guerra de los gobernantes estadounidenses contra el pueblo de Vietnam. Nunca dudamos que el pueblo vietnamita —y los que estábamos decididos a defender su lucha— vencería".

corto plazo. Las tasas de ganancia del capitalismo mundial han seguido una larga curva descendiente desde mediados de los años 70: más de cuatro décadas. ¿Acaso alguno de nosotros cree que —bajo el dominio del capital financiero y bancario plagado por descalabros— el capitalismo mundial está comenzando un período prolongado de mayor inversión en la expansión de la capacidad industrial y contratación masiva de trabajadores?

Toda la evidencia apunta en dirección opuesta.

Hemos comenzado a vivir lo que serán décadas de convulsiones económicas, financieras y sociales, de crecientes rivalidades entre estados capitalistas. Décadas de crecientes conflictos de clases y guerras sangrientas y devastadoras como las de Iraq, Afganistán, Siria y otros países.

Los próximos años sí culminarán en la Tercera Guerra Mundial —inevitablemente— si la única clase capaz de tomar el poder estatal, *la clase trabajadora*, no lo hace. Si no les arrebatamos el poder de librar guerras a los gobernantes imperialistas, ante todo en Estados Unidos.

No obstante, para nosotros una valoración sobria y realista de lo que nos depara el futuro no es motivo de pánico, desesperación o desmoralización. Al contrario. Los años que vienen también conducirán a una resistencia más y más organizada —a nivel mundial— de crecientes vanguardias de trabajadores que se verán empujados contra la pared por el afán de los capitalistas de intensificar la explotación de las clases trabajadoras a fin de revertir la caída de sus tasas de ganancia.

Es a través de esas luchas que se desarrollará la conciencia de clase, así como la confianza y capacidad de liderazgo entre el pueblo trabajador: de manera desigual pero constante.

Y el tiempo está a favor *nuestro*, no de ellos.

El 13 de marzo de 1961, apenas un mes antes de la victoriosa batalla de Playa Girón —o la debacle de Bahía de Co-

"Las luchas revolucionarias son inevitables. Los ataques de las clases propietarias nos obligarán a librar estas luchas, que se verán entrelazadas con la resistencia de otros productores explotados en el mundo".

REGIS DUVIGNAU/REUTERS

Arriba: Sudoeste de Francia, diciembre 2018. "Urgente: poder de compra y dignidad para todos" dice letrero en una protesta. Durante semanas, trabajadores de pueblos y zonas rurales en Francia se pusieron chalecos amarillos (que la ley requiere en todos los autos) en protestas contra aumento del impuesto al combustible, recortes a las pensiones y salario mínimo de miseria. El gobierno se vio obligado a retroceder.

Abajo: Saigón, ahora Ciudad Ho Chi Minh, 30 de abril de 1975. Victoriosos combatientes de liberación nacional entran al patio del palacio presidencial mientras las últimas tropas estadounidenses huyen en helicóptero.

chinos, según se conoce en Estados Unidos— Fidel Castro habló ante cientos de miles de trabajadores, campesinos y jóvenes cubanos que se aprestaban a afrontar la invasión que todos sabíamos que era inevitable. En respuesta a la ilusión de Washington de que el intento de invasión iba a instalar en Cuba un gobierno sometido a los gobernantes norteamericanos, Fidel dijo a la multitud que lo vitoreaba: "Primero se verá una revolución victoriosa en los Estados Unidos que una contrarrevolución victoriosa en Cuba".

> **"A través de esas batallas se desarrollará la conciencia de clase, confianza y capacidad de liderazgo entre el pueblo trabajador, de manera desigual pero constante".**

Sus palabras no eran bravuconerías vacías. Fidel no se rebajaba *jamás* a la demagogia. Tampoco estaba mirando una bola de cristal como si pudiera adivinar el futuro. Nosotros, y el pueblo revolucionario de Cuba, lo comprendimos bien. Él estaba hablando como dirigente que ofrecía —*que impulsaba*— un camino de lucha, una línea de marcha para toda nuestra vida. Estaba dando respuesta, como siempre, a la pregunta de Lenin: "¿Qué hacer?"

En Norteamérica —y también en Cuba— cada generación sucesiva de revolucionarios ha llevado esas palabras en nuestro estandarte.

Hoy día las familias gobernantes y sus sirvientes descartan las capacidades políticas y el potencial revolucionario de los trabajadores y agricultores en Estados Unidos tan rotundamente como descartaron las del pueblo trabajador cubano en Playa Girón.

Y se equivocan de igual manera.

De Clinton a Trump: Cómo ha resistido el pueblo trabajador en Estados Unidos

Biografías y palabras de los panelistas

MAYKEL ESPINOSA/JUVENTUD REBELDE

Panelistas en conferencia en La Habana, abril 2018. De la izquierda: Róger Calero (al podio), Víctor García (traductor), Willie Head, Omari Musa, Alyson Kennedy y Jacob Perasso.

"De Clinton a Trump: Cómo el pueblo trabajador en Estados Unidos está respondiendo a la ofensiva antiobrera de los patrones, sus partidos y su gobierno". Ese fue el título de la segunda parte del programa sobre la lucha de clases en Estados Unidos que se presentó en la conferencia celebrada en La Habana del 24 al 26 de abril de 2018.

Entre los miembros del panel había un pequeño agricultor y otros cuatro trabajadores con muchos años de experiencia en distintas industrias. Cada uno hizo una breve exposición que detalló las consecuencias para el pueblo trabajador de la ofensiva que los patrones han librado durante las últimas cuatro décadas para aumentar la "productividad" y sus tasas de ganancia. Aún más importante, los panelistas describieron algunas de las luchas políticas, sociales y sindicales en las que han participado ellos y sus compañeros de trabajo.

Todos los presentes recibieron breves notas biográficas sobre los panelistas. Abajo aparecen esas notas junto con resúmenes de las palabras de cada uno.

Alyson Kennedy. Alyson es una veterana minera del carbón sindicalizada con 14 años de experiencia. Formó parte de la primera ola de mujeres que en los años 70 y 80 rompieron las barreras que los patrones usaban para excluirlas de empleos en las minas subterráneas. Ha participado en muchas batallas del Sindicato Unido de Mineros (UMWA) en regiones carboníferas desde Virginia del Oeste y  Alabama hasta Utah. Alyson fue candidata del Partido Socialista de los Trabajadores para presidente de Estados Unidos en 2016 y actualmente reside en Dallas, Texas, donde trabaja como cajera en la cadena internacional de tiendas Walmart.

En la conferencia de La Habana, Kennedy resaltó algunos aspectos de la historia combativa del UMWA, incluida la exitosa lucha en los años 70 que libró Mineros por la Democracia, un movimiento de las filas obreras para lograr un mayor control de su sindicato. La nueva dirección sindical estableció el derecho de las filas de votar sobre las propuestas de convenio. El sindicato fortalecido luchó y logró, entre otras demandas vitales, la creación de comités sindicales de salud y seguridad que tenían el derecho de parar la producción cuando había condiciones peligrosas.

Durante los mismos años, nuevas leyes federales sobre la igualdad de oportunidades de empleo obligaron a los patrones del carbón a permitir que las mujeres trabajaran como mineras subterráneas. Kennedy explicó cómo las mineras aprendieron a enfrentar el acoso sexista y demás medidas que los patrones tomaban para expulsarlas de las minas, y cómo ganaron el apoyo del sindicato y de sus compañeros de trabajo varones. Ella describió cómo la incorporación de mujeres a la fuerza laboral fortaleció al UMWA.

Kennedy además describió una movilización de 25 mil maestros y otros empleados escolares en huelga en Oklahoma, en la cual ella había participado tres semanas antes. En un estado sin tradición de luchas sindicales como en Virginia del Oeste, los docentes cerraron las escuelas durante nueve días, ganando un aumento salarial y más fondos para las escuelas.

La huelga en Oklahoma fue la más fuerte de las acciones magisteriales que recibieron un impulso del ejemplo sentado por la clase trabajadora en Virginia del Oeste. Kennedy explicó que, al igual que los maestros, muchos de sus compañeros de trabajo y también muchos clientes en Walmart tienen más de un trabajo para poder subsistir. Ellos apoyaron y se identificaron con la lucha de los maestros.

Willie Head. Willie ha trabajado toda su vida como pequeño agricultor en el sur de Georgia. Es veterano de las batallas de los agricultores negros para mantener sus tierras, una lucha con más de siglo y medio de historia. Durante 12 años fue vicepresidente del Tribunal Popular en Valdosta, Georgia, organización comunitaria que luchó para llevar a la justicia a un policía que mató a golpes a un preso que estaba  maniatado. Como la mayoría de los pequeños productores en Estados Unidos, también ha trabajado muchos años en diversos empleos no agropecuarios, con o sin sindicato, para poder pagar las cuentas y seguir cultivando.

Head describió los asesinatos de africano-americanos por la policía en las zonas rurales del Sur y el trabajo del Tribunal Popular en Valdosta, que él calificó como su "primera lucha directa contra el sistema judicial norteamericano".

Hace un siglo, apuntó, los granjeros africano-americanos poseían más de 16 millones de acres, pero la cifra se ha reducido hoy a 2.5 millones (de 6.5 millones a un millón de hectáreas). Él detalló la prolongada batalla judicial, iniciada en 1992, de más de 25 mil agricultores negros contra la discriminación por parte de los bancos, las cortes y el Departamento de Agricultura del gobierno federal. Todas estas fuerzas presionan a los agricultores negros para que vendan sus tierras. Explicó que la decisión de la corte no solo dejó a los granjeros que habían "ganado" en peores condiciones que antes, sino que los descalificó de poder obtener préstamos o ayuda del Departamento de Agricultura.

Head describió los trabajos que ha tenido que hacer

para subsistir, incluso uno donde tenía que conducir diariamente al norte de Florida, 90 millas en ambos sentidos, regresando cada noche para atender sus cultivos y ganado.

"Sí, en Estados Unidos —a diferencia de Cuba— los agricultores pueden perder su tierra", dijo a los conferencistas. "El pueblo cubano y esta revolución me han impactado e inspirado mucho".

Jacob Perasso. Jacob es conductor de tren de carga y miembro del sindicato SMART-TD en uno de los mayores depósitos ferroviarios del Noreste. Es un dirigente del trabajo de la Juventud Socialista en Estados Unidos y a nivel internacional. Antes trabajó, entre otros empleos, en plantas empacadoras de carne en el Medio Oeste, donde participó en diversas luchas para organizar sindicatos.

En su presentación Perasso detalló las condiciones cada vez más peligrosas que existen en los ferrocarriles porque los dueños reducen el tamaño de las tripulaciones, prolongan las jornadas hasta 12 horas, no brindan la capacitación adecuada y presionan a los trabajadores para que hagan caso omiso de las normas de seguridad. Mencionó el caso de un descarrilamiento en 2013 en el pueblito de Lac Mégantic, Quebec, justo al norte de la frontera canadiense con Estados Unidos, donde explotó un tren cargado de petróleo y murieron 47 personas. Fue notable que el jurado, integrado por residentes de la zona, rehusó declarar culpables a los dos obreros que la empresa ferroviaria pretendía inculpar. Los pobladores locales no tuvieron dudas de quién era responsable cuando salieron pruebas de la negligencia de los patrones hacia las normas de seguridad.

Perasso describió el sistema de estímulos, diferencias salariales y otros incentivos que los patrones usan para dividir a la fuerza laboral y hacer que algunos obreros hasta contribuyan a fomentar condiciones más peligrosas en el trabajo. A pesar de estas presiones, los obreros de trenes de carga en 2014 rechazaron una propuesta de convenio que habría permitido que los dueños operaran trenes con un solo tripulante. Eso frenó un poco la ofensiva patronal pero no la detuvo.

Él destacó la necesidad de transformar los sindicatos a través de luchas en las cuales los trabajadores van descubriendo su propia fuerza colectiva. "Explicamos a nuestros compañeros de trabajo lo que ha llevado al movimiento sindical a la situación en que se encuentra hoy", dijo Perasso. "Señalamos que tenemos que dejar de depender de los dueños capitalistas, sus partidos, su gobierno y su estado. Necesitamos trazar un camino político —una trayectoria de lucha— que sea indendiente de estos y defienda los intereses de toda la clase trabajadora."

Harry D'Agostino. Harry es trabajador, contrabajista, director musical y Joven Socialista. Él y su banda dan conciertos en las regiones noreste y norte-central de Estados Unidos. Aunque a último momento no pudo participar en el panel de la conferencia de La Habana, los presentes recibieron copias del texto de sus palabras.

D'Agostino explicó que, como millones de trabajadores jóvenes, ha tenido muchos empleos diferentes, tanto en pequeños negocios como en almacenes, y también como millones de otros, casi siempre ha sido un "trabajador temporal" que no tiene horas o días laborales garantizados, ni recibe seguro médico ni vacaciones ni beneficios por desempleo, y puede ser despedido en cualquier momento. Muchos jóvenes trabajadores también están agobiados por deudas de decenas de miles de dólares por préstamos estudiantiles "que el gobierno y los bancos fomentan como manera de 'salir adelante'". La mayoría de ellos no tiene la menor esperanza de pagarlas, dijo.

Describió el impacto aleccionador de la huelga de los maestros en Virginia del Oeste, donde él y otros jóvenes de su generación vieron por primera vez la fuerza de la clase trabajadora en acción. "Un extenso movimiento obrero, un movimiento social en todo un estado, era para nosotros una novedad", dijo D'Agostino. "Pero sobre todo una victoria era una novedad. Nos permitió pensar en luchar y organizarnos para emular ese ejemplo".

Omari Musa. Omari ha trabajado en todo tipo de empleo, con o sin sindicato, durante medio siglo, desde los ferrocarriles y la industria petrolera hasta una fábrica de helado, de California a Florida. Actualmente reside en Washington, donde trabaja en Walmart. Ha participado toda su vida en batallas para defender los derechos de los africanoamericanos y es dirigente nacional desde hace muchos años del trabajo en defensa de la Revolución Cubana, tanto dentro como fuera del movimiento sindical.

Musa respondió a las afirmaciones de muchos liberales y radicales de izquierda en Estados Unidos de que el racismo está creciendo y que la mayoría de los trabajadores caucásicos —por ejemplo, la mayoría de los maestros en huelga en Virginia del Oeste— son reaccionarios. Por eso, según afirman, Donald Trump fue elegido presidente y no Hillary Clinton.

Musa creció en el Sur Profundo, bajo las condiciones de discriminación racial institucionalizada del sistema Jim Crow. Dijo que él conoce la diferencia entre esa época y la actual. Se refirió a "la revolución social que se produjo en Estados Unidos" a raíz del masivo movimiento dirigido por negros en los años 50, 60 y principios de los 70, que destruyó esas instituciones de segregación racial y cambió profundamente la conciencia del pueblo trabajador, tanto entre negros como caucásicos. "Hoy día la fuerza laboral está más integrada racialmente que nunca, y es más difícil que en cualquier época anterior que la clase dominante use el racismo para dividirnos", dijo. "Esa revolución social nos fortaleció a todos".

Todavía abunda la discriminación racial, subrayó Musa. Estas divisiones son una fuente de cientos de miles de millones en ganancias para los patrones, y jamás serán eliminadas mientras exista el capitalismo. Pero el racismo y la violencia antinegra están disminuyendo, no creciendo. "Provocaciones organizadas por grupos supremacistas blancos, como la de agosto de 2017 en Charlottesville, Virginia, atraen unos pocos centenares, y no miles como sucedía hace apenas unas décadas. No hay turbas violentas que agredan a los negros en la calle y en sus hogares". Una semana después de la provocación de Charlottesville, en que una contramanifestante fue muerta, 40 mil personas se volcaron a las calles de Boston para repudiar la acción ultraderechista.

Musa señaló el ejemplo del futbolista estrella africano-americano Colin Kaepernick, quien rehusó ponerse de pie para el himno nacional como protesta contra los asesinatos policiacos y los ataques racistas. "Se convirtió en héroe para millones, de todas las razas".

Róger Calero. Róger llegó con su familia a Estados Unidos desde Nicaragua cuando tenía 15 años. Ha trabajado en plantas empacadoras de carne en Minnesota y Iowa, donde fue miembro del Sindicato Unido de Trabajadores de Alimentos y del Comercio (UFCW) y participó en campañas de sindicalización y luchas sindicales en defensa de los derechos de los trabajadores inmigrantes. En 2002 el gobierno norteamericano  lo arrestó y amenazó con deportarlo, provocando una exitosa campaña internacional de defensa que ganó el apoyo de muchos sindicatos. Fue candidato presidencial del Partido Socialista de los Trabajadores en 2004 y 2008.

Calero enfocó sus palabras en lo que está en juego para el movimiento obrero en torno a la defensa de los trabajadores inmigrantes. Explicó qué hay detrás de la campaña antiinmigrante que la administración de Donald Trump ha intensificado, y cómo la clase obrera en Estados Unidos se ha visto fortalecida por la incorporación de millones de trabajadores nacidos en el exterior.

La lucha política para convencer al movimiento obrero y a la gran mayoría del pueblo trabajador de que defiendan a los trabajadores inmigrantes, dijo, "es una cuestión de vida o muerte para la clase trabajadora". El uso de los inmigrantes como chivos expiatorios es una de las principales armas que la clase dominante y sus dos partidos usan para dividir y debilitar a los trabajadores.

El origen de los prejuicios antiinmigrantes, apuntó, no es la clase trabajadora. Son los patrones, quienes fomentan y se benefician de estos prejuicios, igual que sacan ganancias de la discriminación contra los negros y las mujeres. Ellos traen la mano de obra inmigrante para aumentar la competencia entre los trabajadores, destruir sindicatos, reducir los salarios e intensificar la explotación de la clase obrera en su conjunto, como hicieron en la industria empacadora de carne en los años 80.

"Cuando los sindicatos no organizan una lucha eficaz para defender los intereses de toda la clase trabajadora —incluso para sindicalizar a los trabajadores indocumentados— los intentos de convertir a los inmigrantes en chivos expiatorios encuentran un eco entre capas de la clase obrera", recalcó Calero. "Pero es la competencia para vender nuestra fuerza de trabajo, y no el racismo, lo que propicia estas actitudes".

El propósito de los gobernantes norteamericanos no es detener el flujo de inmigrantes, solo regularlo en función de sus necesidades, como siempre han hecho. "Los vulgares prejuicios racistas que lanza el presidente Trump y otros alrededor suyo", dijo Calero, "su agitación a favor de 'construir el muro', las brutales detenciones, redadas, deportaciones, auditorías de inmigración en centros laborales y demás medidas represivas van encaminadas a aumentar la inseguridad y el temor entre todo el pueblo trabajador, no solo entre los inmigrantes".

Pero son los propios gobernantes quienes se ven motivados por temor: temor de las batallas de clase que se avecinan y de la unidad que se puede forjar entre los trabajadores nacidos en Estados Unidos y los oriundos de otros países. Esto lo hemos visto en las empacadoras de carne del Medio Oeste, las minas de carbón en Utah y en otras luchas sindicales y sociales.

"La lucha política por ganar la amnistía para los trabajadores indocumentados y defender los derechos de los inmigrantes es inseparable de la lucha para unificar a la clase trabajadora en su conjunto", dijo Calero. "Es imprescindible para reconstruir un movimiento sindical que luche por los intereses de toda nuestra clase".

La historia de lucha del Sindicato Unido de Mineros

Radio Habana Cuba

El siguiente reportaje sobre las luchas obreras libradas por el Sindicato Unido de Mineros (UMWA) en Estados Unidos es un fragmento de un programa que Radio Habana Cuba transmitió a nivel internacional el 27 de marzo de 1981. El reportaje, traducido aquí del original en inglés, se transmitió el primer día de una huelga de 160 mil mineros afiliados al UMWA, un enfrentamiento que después de 10 semanas logró repeler el intento de los patrones de asestar un golpe contundente contra el sindicato.

El programa radial cubano, que pedía solidaridad con los mineros, destacó dos huelgas anteriores del UMWA.

La primera, efectuada en 1969 en Virginia del Oeste, obligó a los patrones del carbón a aceptar medidas que empezaron a limitar la devastadora incidencia de la enfermedad respiratoria conocida como "pulmón negro" y dio más control a los comités sindicales de salud y seguridad sobre las condiciones de trabajo en las minas.

La segunda huelga, realizada en 1977 y 1978, fue la más

larga en la historia de la industria del carbón en Estados Unidos. Durante casi cuatro meses, los mineros por todo el país libraron una batalla —como apunta Radio Habana Cuba— "para defender la existencia misma de su sindicato". Desafiaron al presidente demócrata James Carter cuando emitió una orden de regresar al trabajo bajo la Ley Taft-Hartley, conocida como la "ley del trabajo esclavo".

En 1935 el Sindicato Unido de Mineros era el sindicato industrial más grande y poderoso en Estados Unidos. Los mineros del carbón eran los únicos trabajadores que habían organizado secciones locales racialmente integradas en el Sur antes de 1900. En 1898 fueron los primeros obreros industriales en ganar la jornada de ocho horas.

Tras quedar casi destruido durante los años 20, el UMWA se reorganizó entre 1933 y 1935, convirtiéndose en la espina dorsal de la fundación del Congreso de Organizaciones Industriales (CIO). Los mineros del carbón aportaron fondos y organizadores para una campaña de sindicalización en las industrias básicas del país.

Los mineros fueron de los pocos trabajadores que lucharon abiertamente contra sus patrones durante la Segunda Guerra Mundial.

En la historia reciente hubo dos grandes huelgas del UMWA que tuvieron una enorme importancia política. En 1969 y en 1978, los mineros del carbón abordaron todas las cuestiones importantes para los trabajadores estadounidenses: salud, seguridad, beneficios, inflación y sobre todo la viabilidad del movimiento de filas para la supervivencia de un sindicato fuerte.

En febrero y marzo de 1969, los mineros de Virginia del Oeste estuvieron a la vanguardia cuando el 95 por ciento de los 25 mil mineros en ese estado no entraron en los pozos mineros por más de tres semanas. Obligaron a la le-

"En Virginia del Oeste, corazón histórico de las regiones del carbón, se han librado algunas de las batallas sindicales más reñidas en la historia del país".

Arriba: Mineros protestan en Washington, marzo 1981, semanas antes de que 160 mil mineros lanzaran huelga que repelió intento patronal de extraerles concesiones. La mortífera enfermedad "pulmón negro", cuya incidencia había bajado gracias a protestas de mineros y sus comunidades en los años 60, 70 y 80, hoy está resurgiendo, a medida que los patrones elevan producción y ganancias con nueva tecnología y cierran clínicas en comunidades mineras que empresas del carbón habían financiado.

Abajo: Miembros y partidarios del Sindicato Unido de Mineros (UMWA) paralizan planta de carbón de empresa Pittston en Virginia durante huelga de 11 meses en 1989.

"Los mineros del carbón organizaron secciones locales racialmente integradas en el Sur antes de 1900 y fueron los primeros obreros industriales en ganar la jornada de ocho horas en 1898", explicó el programa de Radio Habana Cuba. "En las huelgas de los 60 y 70, los mineros abordaron cuestiones importantes para los trabajadores estadounidenses: salud, seguridad, beneficios, salarios, inflación y la supervivencia de un sindicato fuerte".

"Los mineros fueron de los pocos trabajadores que lucharon abiertamente contra sus patrones durante la II Guerra Mundial", informó Radio Habana Cuba.

En 1943 los mineros del carbón libraron cuatro huelgas nacionales contra la congelación de salarios impuesta por el gobierno imperialista y la peligrosa aceleración de la producción y negligencia patronal hacia las normas de seguridad. El sindicato UMWA rechazó la promesa de no hacer huelgas que el gobierno había obtenido de la cúpula sindical en casi todas las demás industrias.

Arriba: Mineros en Ohio en 1943 leen titular de cómo John L. Lewis, presidente del UMWA, desafiaba amenaza del gobierno de enviar soldados para reemplazar a mineros en huelga durante la guerra. "¡No pueden excavar el carbón con bayonetas!" respondieron los mineros.

gislatura del estado a aprobar una nueva ley sobre la salud y seguridad en las minas de carbón.

Ese mismo año el presidente Richard Nixon consideró vetar la Ley Nacional de Salud y Seguridad en las Minas de Carbón. Pero los mineros amenazaron con otra huelga, obligándolo a firmar esta histórica ley, que por primera vez indemnizaba a las víctimas de la enfermedad "pulmón negro".

La Asociación del Pulmón Negro, creada entre las filas mineras en enero de 1969 para patrocinar y luchar por la ley que se aprobó en Virginia del Oeste, pronto se convirtió en defensora de los intereses de los mineros activos y jubilados en el seno de un sindicato cuyos dirigentes se habían vendido a las compañías.

La huelga también inspiró a Joseph "Jock" Yablonski a disputarle la presidencia a Tony Boyle en las elecciones sindicales. Con el lema "Boyle se acuesta con los dueños del carbón", Yablonski llevó a cabo una enérgica campaña y prometió continuar la lucha más allá de las elecciones de diciembre de 1969. Pistoleros contratados por Boyle lo asesinaron el último día del año, pero en su entierro se fundó el movimiento Mineros por la Democracia (Miners for Democracy, MFD).

En junio de 1970, una tercera organización surgió de las filas con otra huelga en el sur de Virginia del Oeste: Mineros Discapacitados y Viudas del Sur de Virginia del Oeste. Estos tres grupos se unieron para apoyar la lista de candidatos que Mineros por la Democracia presentó en un congreso sindical celebrado en Virginia del Oeste en mayo de 1972.

En diciembre los miembros del UMWA eligieron a nueve mineros de las filas [de la lista del MFD] a cargos nacionales por primera vez en la historia del sindicato.

El sindicato se vio tremendamente fortalecido por esta

victoria electoral. En los 21 distritos del sindicato, los miembros de la directiva ahora tienen que responder a las filas en las elecciones sindicales. Bajo el mandato de Boyle, solo cuatro distritos habían gozado de plena autonomía.

La lista de candidatos del MFD en 1972 abogaba por la elección de todos los funcionarios de distrito y los miembros de la junta ejecutiva; el derecho de las filas a ratificar los convenios; la garantía de no ser despedido por negarse a trabajar en condiciones peligrosas; un delegado sindical en cada mina dedicado a tiempo completo a los problemas de salud y seguridad; el apoyo del sindicato a nivel nacional y distrital a las luchas locales; la no discriminación en la contratación y los despidos; la aplicación uniforme del convenio; aumentos en las pensiones de los mineros jubilados; y la administración responsable de los fondos de bienestar social del sindicato. Los candidatos también se comprometieron a reducir los salarios de los altos funcionarios sindicales.

Boyle fue desplazado por el candidato del MFD, Arnold Miller, ex minero y víctima del pulmón negro, habiendo trabajado como electricista en las minas durante 24 años. Comenzó un nuevo régimen.

En 1974, por primera vez en los 84 años del sindicato, los mineros celebraron una votación para ratificar su contrato. Ya no era posible que un pequeño grupo selecto de negociadores traicionaran los intereses de miles de mineros, reunidos tras bastidores a cientos de millas de las regiones carboníferas.

Los mineros del carbón continuaron demostrando su combatividad en los veranos de 1975, 76 y 77. Conflictos locales que brotaron en el sur de Virginia del Oeste en 1975 y 1976 se convirtieron, en ambos casos, en huelgas que se extendieron a todas las regiones mineras. Los mineros estaban hartos de cómo las compañías rehusaban resolver sus quejas en las minas. En lugar de negociar los conflictos, las compañías trataron de forzar a los mineros a regresar a sus puestos con órdenes judiciales federales, multas, arrestos y amenazas de despidos.

En 1975 unos 80 mil mineros salieron en huelga. En 1976 salieron 120 mil: casi todos los mineros sindicalizados en las regiones al este del río Mississippi. La huelga de 1976 fue tan sólida que los jueces federales en Charleston, Virginia del Oeste, retiraron sus multas e interdictos, un hecho casi único en la historia moderna del movimiento obrero.

En 1977 los mineros salieron nuevamente en huelga para protestar contra los recortes en sus beneficios médicos. Esos beneficios eran especialmente vitales en una industria peligrosa cuyo centro es la zona montañosa del sur de los Apalaches, donde los hospitales se niegan a aceptar a los pacientes que necesitan atención urgente si no pagan en efectivo de antemano.

En 1978 la huelga del UMWA se convirtió en la cuestión de clase decisiva en Estados Unidos. Los mineros del carbón estaban luchando por la existencia misma de su sindicato y de todos los sindicatos del país.

El ataque contra el UMWA era parte de la ofensiva desatada contra todo el movimiento obrero. Ese año la Asociación Nacional de Manufactureros creó el Consejo por un Ambiente Libre de Sindicatos. El año anterior, las compañías de acero habían organizado una campaña para derrotar al candidato de las filas [Ed Sadlowski] para la presidencia del Sindicato Unido de Obreros del Acero, USWA.

La razón principal por la cual las empresas estaban empeñadas en arremeter contra los mineros era que querían desprestigiar y aplastar la lucha de las filas por la democracia sindical. Las negociaciones que se llevaron a cabo antes y durante la huelga reflejaron una nueva tendencia.

Los patrones ahora están llegando a la mesa de negociaciones armados con su propia lista de demandas para quitarles a los trabajadores sus conquistas y decididos a no hacer concesiones. Esta política de exigirles concesiones a los trabajadores también está empezando a manifestarse en las negociaciones en otras industrias.

Aunque los mineros no lograron frenar completamente esta tendencia, sí salieron victoriosos en ciertos aspectos importantes. Las compañías fracasaron en su objetivo central, que en realidad era destruir al UMWA. Los mineros también lograron defender su derecho de huelga y debilitaron gravemente a la antiobrera Ley Taft-Hartley. Además, su lucha tuvo un impacto muy positivo y de gran alcance en todo el movimiento obrero.

Cuando el equipo del UMWA se sentó a la mesa de negociaciones en Washington, supuestamente estaban tratando con "los operadores del carbón". Anteriormente, ese término se refería a las compañías mineras. Pero esta vez el principal negociador de la industria fue Joseph P. Brennan, quien en realidad representa a las gigantescas transnacionales controladas por superbanqueros.

La compañía más grande, Peabody, está controlada totalmente por la empresa de cobre Kennecott Copper, que a su vez está dominada por el grupo banquero Morgan y la familia Guggenheim.

La segunda mayor compañía de carbón, Consolidation Coal, es propiedad de la empresa petrolera Continental Oil, que tiene miles de millones de dólares en activos y propiedades en África y otros países. La Continental formó parte de la compañía petrolera Standard Oil de Rockefeller antes de que ese monopolio supuestamente fuera disuelto en 1911. Actualmente la controlan los Rockefeller y los banqueros de Morgan, con una influencia secundaria de la familia Mellon de Pittsburgh.

La tercera mayor compañía, Island Creek, es propiedad de la petrolera Occidental Oil. Después de esta están las grandes propiedades mineras de la US Steel, fundada por J.P. Morgan, Bethlehem Steel y muchas compañías de carbón que son propiedad exclusiva de Exxon, Mobil Oil, Gulf Oil y otros gigantes petroleros así como de las grandes compañías de servicios públicos.

"En el capitalismo los trabajadores se ven forzados a luchar por todo lo que obtienen. O se lucha o se retrocede".

Fue este poder concentrado de los monopolios que se enfrentaba a los mineros cuando estos lanzaron su huelga.

La lucha de los mineros en 1978 creó una nueva situación en el movimiento sindical. Le dio una sacudida a la campaña patronal por contratos que imponen concesiones a los trabajadores. Debilitó la feroz campaña antiobrera desatada contra todas las organizaciones obreras. Al desafiar los intentos del gobierno de romper la huelga con órdenes judiciales basadas en la ley Taft-Hartley, esta lucha le propinó un golpe de advertencia a esa peligrosa ley antisindical.

La defensa del derecho fundamental a la huelga tuvo repercusiones positivas entre los trabajadores de todas las industrias. Al desarrollarse la huelga, la necesidad de que las minas y los recursos carboníferos sean propiedad pública se convirtió en una cuestión importante en la mente de muchos trabajadores. ¿Por qué motivo deben estar estos recursos naturales vitales bajo el control de las grandes compañías de petróleo, acero, gas y electricidad y de los grandes banqueros?

En 1978 la huelga del Sindicato Unido de Mineros sacó a

relucir una vez más el conocido hecho de que en el capitalismo los trabajadores se ven forzados a luchar por todo lo que obtienen. O se lucha o se retrocede. Los mineros han demostrado que hay que luchar para vencer.

ÍNDICE

Aborto, derecho al, 10
Afganistán, guerra de EEUU en, 10, 23, 46
AFL (Federación Americana del Trabajo), 32
África, 39, 68
Africano-americanos. *Ver* Negros en EEUU
Agricultores,
  en Cuba, 41, 48
  en EEUU, 10, 17, 19, 23, 34, 48–49, 52–53
Antisemitismo, 36
Apalaches, 20–30, 32, 50, 61–67
Arizona, 11, 20, 27–30
Asociación Nacional de Manufactureros, 67
Asociación del Pulmón Negro, 65
Atención médica, 21–22, 55, 67
Autodefensa contra ataques fascistas y policiacos,
  del movimiento de derechos civiles, 40–41
  de los Teamsters en Minneapolis, 34–36

Bahía de Cochinos (Playa Girón), 46–48
Bancos, 46, 52, 55, 68–69
Barnes, Jack, 25, 41
Bethlehem Steel, 69
Boyle, Tony, 65–66
Brennan, Joseph P., 68

Burocracia Teamster (Dobbs), 33, 36
Bush, George W., 24

Calero, Róger, 13, 57–59
Camboya, invasión norteamericana a, 42
Canadá, 53
Carter, James, 62
Castro, Fidel, 36, 48
Castro, Raúl, 24
Central de Trabajadores de Cuba (CTC), 11, 17
Charlottesville, Virginia, 56
China, 36, 39
Cinco Cubanos, Los, 24–25
Clase capitalista, 9, 20, 32, 39, 44–48, 54, 68–69
Clase media en EEUU, 23, 27
Clase trabajadora en Cuba, 17, 41, 48
Clase trabajadora en EEUU, 23, 25–30, 32–37, 41, 69
  derecho a huelga, 20, 62, 68–69
  y elección de Trump, 9, 12, 20, 26–30, 56
  entre rejas, 24
  inmigrantes en seno de, 10, 14, 57–59
  miedo de liberales de clase media hacia, 27
  negros en, 37–39, 42
  perspectiva internacionalista para, 36, 40
  su receptividad a ideas comunistas, 12, 30–31

su resistencia al impacto de crisis capitalista, 20–21, 25–31, 49–50
"retrógrada", 9, 15, 26–27, 31
trabajadores "temporarios", 55
Clinton, Casa Blanca de los (1993–2001), 24
Clinton, Hillary, 12, 24, 26, 31
Congreso de Organizaciones Industriales (CIO), 12, 32–34, 37, 62
Consejo de Ciudadanos Blancos, 40
Consolidation Coal, empresa, 68
Continental Oil, empresa, 68
Corea, Guerra de, 39–40
Crisis capitalista, 10, 20–25, 44–46
Cuba y la revolución norteamericana que viene (Barnes), 41

D'Agostino, Harry, 13, 54–55
"De Clinton a Trump" (panel), 9–13, 49–50
Departamento de Agricultura, 52
Derecho a huelga, 20, 68–69
Derecho a votar, 11–12, 14–15
Derechos civiles, movimiento de, 12–13, 36–42, 55–56
  impacto en clase trabajadora, 37, 56
  como movimiento proletario de masas, 39–42, 56
Desempleo, 23, 34
Deuda estudiantil, 10, 55
Diáconos por la Defensa y la Justicia (Louisiana), 40
Dobbs, Farrell, 34–36
Drogadicción, 10, 23–24

Expectativa de vida, 23
Exxon, empresa, 69

Fascistas, bandas, 33–36

González, Fernando, 24
González, René, 24

González Barrios, René, 17, 19
Guardia Nacional de EEUU, 33, 42–44
Guerra Civil en EEUU, 37
"Guerra contra las drogas", 24
Guerra de Vietnam, 13, 39, 42–44
Guerra Mundial, Primera, 39
Guerra Mundial, Segunda, 34–40, 62
Guerra Mundial, Tercera, posibilidad de, 46
Guerras norteamericanas, 19, 23, 34–39, 42–46
Guerrero, Antonio, 24
Guilarte, Ulises, 11
Gulf Oil, empresa, 69

Habana, La (Cuba), 9, 11, 31
Head, Willie, 13, 52–53
Hernández, Gerardo, 24
Historial antiobrero de los Clinton, El, (Barnes), 25
Hoteles, huelgas de trabajadores de (2018), 15
Huelgas, y movimiento social, 26, 32, 34–36
  Ver también Maestros, Marriott, Sindicato Unido de Mineros, huelgas de; Teamsters en Minneapolis

Imperialismo norteamericano, 19, 31
  Ver también Guerras norteamericanas
Industria del acero, 37, 67
Industria empacadora de carne, 13, 19, 53, 57–58
Industria ferroviaria, 13, 19, 55
  condiciones de salud y seguridad, 53–54
Inmigrantes en EEUU, trabajadores, 10, 14
  defensa de, 57–59

Instituto de Historia de Cuba, 11, 17, 19
Instituto Superior de Relaciones Internacionales (ISRI, La Habana), 31
Internacional Comunista, 32
Iraq, 10, 23, 46
Island Creek Coal, empresa, 69

Japón, bombardeo atómico a, 39
Jim Crow, sistema de segregación racial, 7, 13, 36-40, 42, 56
Jóvenes Socialistas, 7, 17-18, 53-54
Judíos, odio contra, 36

Kaepernick, Colin, 56-57
Kennecott Copper, empresa, 68
Kennedy, Alyson, 13, 22, 50-51
Kentucky, 11, 20, 23, 27-30
King, Martin Luther, 40, 42
Ku Klux Klan, 30, 40

Labañino, Ramón, 24
Labor's Giant Step: The First Twenty Years of the CIO, 1936-55 (El paso gigante del movimiento obrero: Los primeros 20 años del CIO, 1936-55) (Preis, Art), 33
Lac Mégantic, Quebec, 53
Lenin, V.I., 48
Ley Taft-Hartley, 62, 68
Liberación nacional, luchas de, 39

Maestros, huelgas de (2018), 14, 20-22, 25-30
  en Oklahoma, 11, 20, 22, 27, 51
  en Virginia del Oeste, 11, 20-21, 25-27, 51
Malcolm X, 40
Marriott, huelga en hoteles (2018), 15
McDonald's, restaurantes, 15
Medio ambiente, expoliación del, 10, 12

Medios de comunicación burgueses, 12, 19, 31
Mellon, familia, 68
Militante, El, 14, 31, 33
Miller, Arnold, 66
Mineros del carbón. *Ver* Sindicato Unido de Mineros (UMWA)
Mineros Discapacitados y Viudas del Sur de Virginia del Oeste, 65
Mineros por la Democracia (MFD), 50, 65-66
Minneapolis, Minnesota, 33-36
Mississippi, 22, 42
Mobil Oil, empresa, 69
Monroe, Carolina del Norte, NAACP en, 40
Morgan, familia, 68-69
Movimiento contra la guerra en Vietnam, 42-44
Mujeres, 7, 24, 30, 34-36, 58
  Hillary Clinton sobre, 26
  mineras del carbón, 50-51
Mujeres, desprecio hacia las, 20
Musa, Omari, 13, 55-57
Musulmanes, 27

Negros en EEUU, 10, 27, 42, 55-57
  agricultores, 52
  en fuerzas armadas, 39
  Jim Crow, sistema de segregación racial, 36-40
  y luchas obreras, 37, 42
  movimiento de derechos civiles, 36-42
Nicaragua, 14, 57
Niños, recortes a servicios sociales para, 20-21, 24-26, 40
Nixon, Richard, 44, 65
Nueva York, 23, 26

Obama, Barack, 24-25
Occidental Oil, empresa, 69

Oklahoma, 11, 20, 22, 27
Opiáceos, sobredosis de, 23
Ver también Drogadicción

Palacio de los Torcedores (La Habana), 11, 17
Partido Comunista de EEUU, 32
Partido Demócrata, 24, 30, 40
Partido Republicano, 24, 30
Partido Socialista de los Trabajadores (PST), 17–19, 25, 31–37, 41–44
 y campañas de sindicalización de los Teamsters, 33–36
 candidatos a presidente, 50, 57
 y movimiento de derechos civiles, 36–40, 56
 y oposición sindical a Segunda Guerra Mundial, 34
 parte de la clase obrera industrial, 10, 19, 49–57
 y Revolución Cubana, 41, 48, 55
 y trabajo de propaganda de puerta en puerta, 12
Pathfinder, editorial, 25, 33, 41
Peabody Coal, empresa, 68
Pensiones, 10, 15, 22, 66
Perasso, Jacob, 13, 53–54
Petróleo, industria del, 13, 19, 21
Playa Girón (Bahía de Cochinos), 46–48
Poder Teamster (Dobbs), 33
Policía, violencia de la, 12, 15, 33, 40, 52, 57
Política Teamster (Dobbs), 33
Preis, Art, 33
Prisiones, 10, 24
Pulmón negro, enfermedad del, 22, 61–65

Racismo y discriminación racial en EEUU, 20, 26–27, 55–57
 Ver también Jim Crow, sistema de segregación racial;
Radio Habana Cuba, 14, 21, 61–62
Rebelión Teamster (Dobbs), 33
Reconstrucción Radical, 37
Revolución colonial, 39
Revolución Cubana, 24–25, 36, 39, 41, 48, 53, 55
 liderazgo, calidad del, 41, 46–48
 solidaridad con mineros de EEUU, 61–70
 trabajadores, desafíos enfrentados por, 11
Revolución socialista, 30–32
 sus posibilidades en EEUU, 12, 20, 30–32, 34, 37, 41–44
 Ver también Revolución Cubana
Rockefeller, familia, 68

Sadlowski, Ed, 67
Salud y seguridad laboral, 10, 13, 22, 51, 53–54, 61–66
Silicon Valley (Valle del Silicio), 23
Sindicato del Comercio y la Gastronomía (Cuba), 11
Sindicato de los Trabajadores del Turismo (Cuba), 11
Sindicato Unido de Mineros (UMWA), 21–22, 26, 50–51, 61–69
 y Asociación del Pulmón Negro, 65
 clínicas del, 21–22, 67
 comités de salud y seguridad, 22, 61
 y derecho a ratificar convenios, 66
 huelgas de, 61–62, 66–67, 69–70
 impacto en movimiento sindical, 21, 62, 67
 y Mineros por la Democracia, 50–51, 65–66
 y Mineros Discapacitados y Viudas del Sur de Virginia del

Oeste, 65
mujeres trabajadoras en, 50–51
y pensiones, 15
trabajadores negros en el, 62
Sindicato Unido de Obreros del Acero (USWA), 67
Sindicato Unido de Trabajadores de Alimentos y del Comercio, 57
Sindicatos, 12, 17, 21–22, 25–27, 32–37, 50–69
lucha para transformar los, 32–34, 54
Ver también CIO, Teamsters, Sindicato Unido de Mineros
Siria, 10, 23, 46
"*Son los pobres quienes enfrentan el salvajismo del sistema de 'justicia' en Estados Unidos*" (Cinco Cubanos), 25
¿Son ricos porque son inteligentes? (Barnes), 25
Standard Oil, empresa, 68
Suicidios, 10, 23

Taller Científico Internacional Primero de Mayo (La Habana, 2018), 9, 11–13, 17, 19, 33, 36, 49–59
Tasas de ganancia, 21, 46
Teamsters en California, 14
Teamsters en Minneapolis (años 30), 32–36
Tribunal Popular (Valdosta, Georgia), 52
Trump, Donald, 9, 12, 20, 26, 31, 56

"Un trabajo debe ser suficiente" (huelga hotelera de 2018), 15
US Steel, empresa, 69

Valdosta, Georgia, 52
Veteranos, y suicidios, 23
Virginia del Oeste, 11, 14, 20–30, 32, 50–51, 55–56, 61–67

Walmart, 13, 19, 50–51, 55
Washington, D.C., 23, 30, 55
Watergate, 44
Waters, Mary-Alice, 7, 9–13, 17, 36–41
Williams, Robert F., 40

Yablonski, Joseph "Jock," 65

NUEVO DE PATHFINDER: PRINCIPIOS DE 2019

Tribunos del pueblo y los sindicatos

V.I. Lenin, León Trotsky, Farrell Dobbs, Jack Barnes, Carlos Marx

"Nuestro ideal no debe ser el secretario sindical sino *el tribuno del pueblo*, capaz de reaccionar ante toda manifestación de tiranía y opresión".
V.I. Lenin, 1902

"León Trotsky estaba interesado en todos los problemas relativos a la movilización revolucionaria de la clase trabajadora. Seguía con interés los problemas de estrategia y tácticas en los sindicatos".
Farrell Dobbs, 1969

"Con liderazgo revolucionario, los sindicatos pueden dirigir a los trabajadores y sus aliados en las ciudades, los pueblos y el campo —agricultores, pequeños productores, camioneros independientes, pequeños comerciantes— hacia la independencia política frente a la clase dominante".
Jack Barnes, 2018

El organizar y fortalecer sindicatos es un aspecto irremplazable del trabajo de unificar a la clase trabajadora y forjar un partido proletario. Con la política de la actual dirigencia, los sindicatos no pueden organizar al pueblo trabajador para luchar contra los ataques de los capitalistas a nuestras condiciones de vida y trabajo, mucho menos luchar contra su gobierno y sus guerras asesinas.

Los trabajadores y sus aliados necesitamos seguir un camino destinado a tomar el poder estatal de manos de los explotadores y crear un gobierno de trabajadores y agricultores. Para esto hace falta un partido obrero revolucionario: un partido de tribunos del pueblo.

Aprende más sobre
LO QUE HAS ESTADO LEYENDO...

▋ *"La lucha del pueblo negro cambió la conciencia de los trabajadores, tanto negros como caucásicos. Esa revolución social nos fortaleció a todos".*

Malcolm X, la liberación de los negros y el camino al poder obrero
JACK BARNES

La conquista del poder por la clase trabajadora hará posible la batalla final contra la explotación de clase y la opresión racista. Abrirá el camino a un mundo basado en la solidaridad humana. A un mundo socialista. US$20

▋ *"Las batallas de los Teamsters de los años 30 nos enseñaron lo que la clase trabajadora norteamericana es capaz de hacer cuando se despierta al calor de la lucha".*

Serie sobre el sindicato Teamsters
FARRELL DOBBS

Desde las huelgas de 1934 que lograron establecer el sindicato hasta la lucha de los trabajadores conscientes contra el ingreso de Washington a la Segunda Guerra Mundial. Cuatro tomos, US$19 cada uno.

▋ *"Los gobernantes de EE.UU. se vieron sacudidos por la masiva oposición antiguerra de estudiantes, trabajadores y conscriptos enviados a combatir en Vietnam. La marea cambió".*

Out Now!
(¡Fuera ya! Relato de un partícipe en el movimiento en EE.UU. contra la guerra de Vietnam)
FRED HALSTEAD
En inglés. US$35

WWW.PATHFINDERPRESS.COM

MÁS LECTURA

El historial antiobrero de los Clinton
Por qué Washington le teme al pueblo trabajador
JACK BARNES

Describe la trayectoria, impulsada por el afán de lucro, de los demócratas y republicanos por igual, y el despertar político de los trabajadores que buscan comprender y resistir estos ataques. US$10. También en inglés, francés y persa.

¿Son ricos porque son inteligentes?
Clase, privilegio y aprendizaje en el capitalismo
JACK BARNES

Pone de relieve las justificaciones de las capas profesionales bien remuneradas que insisten que su formación y "brillantez" las califican para "regular" la vida de los trabajadores. Incluye "El capitalismo, la clase trabajadora y la transformación del aprendizaje". US$10. También en inglés, francés y persa.

¿Es posible una revolución socialista en Estados Unidos?
Un debate necesario entre el pueblo trabajador
MARY-ALICE WATERS

Un "sí" inequívoco es la respuesta ofrecida aquí. Posible, pero no inevitable. Eso depende de lo que *haga* el pueblo trabajador. US$10. También en inglés, francés y persa.

Cuba y la revolución norteamericana que viene
JACK BARNES

Sobre las luchas del pueblo trabajador en el corazón del imperialismo, sobre los jóvenes atraídos a ellas y el ejemplo del pueblo cubano, que muestra que una revolución no solo es necesaria: se puede hacer. Sobre la lucha de clases en Estados Unidos, donde las fuerzas dominantes descartan las capacidades revolucionarias de los trabajadores y agricultores tan rotundamente como descartaron las del pueblo trabajador cubano. Y de forma igualmente errada. US$10. También en inglés, francés y persa.

"Son los pobres quienes enfrentan el salvajismo del sistema de 'justicia' en EE.UU."
Los Cinco Cubanos hablan sobre su vida en la clase trabajadora norteamericana

Cómo la policía, las cortes y las prisiones en EE.UU. son "una maquinaria enorme para moler personas". Cinco revolucionarios cubanos falsamente acusados y presos 16 años en Estados Unidos explican los estragos humanos causados por la "justicia" capitalista. Y cómo se diferencia la Cuba socialista. US$15. También en inglés, persa y griego.

Puerto Rico: La independencia es una necesidad
RAFAEL CANCEL MIRANDA

Este dirigente independentista puertorriqueño, uno de los cinco encarcelados por Washington por más de 25 años, hasta 1979, habla sobre la realidad brutal del coloniaje norteamericano, el ejemplo de la revolución socialista cubana y la lucha actual por la independencia. US$6. También en inglés y persa.

WWW.PATHFINDERPRESS.COM

TAMBIÉN DE PATHFINDER

Malcolm X habla a la juventud

"La joven generación de blancos, negros, morenos y demás: ustedes están viviendo en tiempos de revolución", dijo Malcolm X en diciembre de 1964. "Yo me sumaré a quien sea, no me importa de qué color seas, siempre que quieras cambiar la situación miserable que existe en este mundo". US$15. También en inglés, francés, persa y griego.

El socialismo y el hombre en Cuba
ERNESTO CHE GUEVARA, FIDEL CASTRO

A partir de su experiencia como dirigente central de la Revolución Cubana, Guevara explica por qué la transformación revolucionaria de las relaciones sociales requiere la transformación de las clases trabajadoras que organizan y dirigen ese proceso. "Para construir el comunismo, simultáneamente con la base material, hay que construir al hombre nuevo". US$15. También en inglés, francés y persa.

Los cosméticos, las modas y la explotación de la mujer
JOSEPH HANSEN, EVELYN REED, MARY-ALICE WATERS

Explica cómo los capitalistas aprovechan la condición de segunda clase de la mujer y sus inseguridades económicas para promover los cosméticos y sacar ganancias. Y cómo el ingreso de millones de mujeres a la fuerza laboral ha cambiado irreversiblemente las relaciones entre las mujeres y los hombres. US$15. También en inglés y persa.

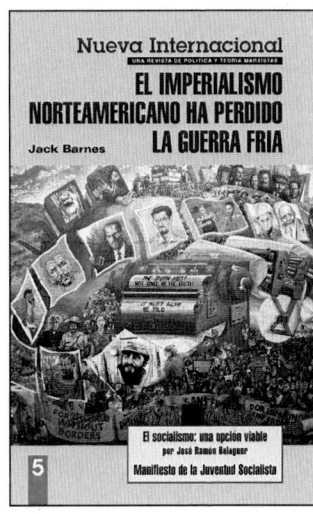

El imperialismo norteamericano ha perdido la Guerra Fría

JACK BARNES

El colapso de los regímenes en Europa Oriental y la URSS, que se autodenominaban comunistas, no significó que los trabajadores y agricultores ahí fueron derrotados. En los actuales conflictos y guerras capitalistas, estos trabajadores se han sumado a otros en el mundo en la lucha de clases contra la explotación. En *Nueva Internacional* no. 5. US$15. También en inglés, francés, persa y griego.

Somos herederos de las revoluciones del mundo
Discursos de la revolución de Burkina Faso, 1983–87

THOMAS SANKARA

Los campesinos y trabajadores en este país de África Occidental crearon un gobierno popular revolucionario y comenzaron a combatir el hambre, el analfabetismo y el atraso económico impuestos por la dominación imperialista, así como la opresión de la mujer heredada de la sociedad de clases desde hace milenios. Cinco discursos del dirigente de esta revolución. US$10. También en inglés, francés y persa.

Cuba y Angola: La guerra por la libertad

HARRY VILLEGAS ("POMBO")

La historia del aporte inédito de Cuba a la lucha por liberar África del azote del apartheid. Y de cómo se fortaleció así la revolución socialista cubana. US$10. También en inglés.

WWW.PATHFINDERPRESS.COM

DIRIGENTES REVOLUCIONARIOS EN SUS PALABRAS

El Manifiesto Comunista
CARLOS MARX Y FEDERICO ENGELS
Explica por qué el comunismo no es un conjunto de principios preconcebidos sino la línea de marcha de la clase obrera hacia el poder, que surge de "las condiciones reales de una lucha de clases existente, de un movimiento histórico que se desarrolla ante nuestros ojos". US$5. También en inglés, francés, persa y árabe.

La última lucha de Lenin
Discursos y escritos, 1922–23
V.I. LENIN

En 1922 y 1923, V.I. Lenin, dirigente central de la primera revolución socialista en el mundo, libró su última batalla política: una lucha que tras su muerte se perdió. Lo que estaba en juego era si esa revolución, y el movimiento comunista internacional que esta dirigía, mantendría el curso proletario que había llevado al poder a los trabajadores y campesinos en octubre de 1917. US$20. También en inglés y griego.

The History of the Russian Revolution
(La historia de la Revolución Rusa)
LEÓN TROTSKY

Cómo el Partido Bolchevique, bajo el liderazgo de Lenin, dirigió a millones de trabajadores y campesinos a derrocar el poder estatal de los latifundistas y capitalistas en 1917, y a llevar al poder un gobierno que promovía sus propios intereses de clase a nivel nacional y mundial. Escrito por uno de los dirigentes centrales de esa revolución socialista. Edición completa en inglés, 3 tomos en uno. US$38. También en francés y ruso.

El socialismo en el banquillo de los acusados
Testimonio en el juicio por sedición en Minneapolis
JAMES P. CANNON

El programa revolucionario de la clase trabajadora, tal como fue presentado en respuesta a cargos fabricados de "conspiración sediciosa" en 1941, en vísperas del ingreso de Washington a la Segunda Guerra Mundial. Los acusados eran dirigentes del movimiento obrero en Minneapolis y del Partido Socialista de los Trabajadores. US$16. También en inglés, francés y persa.

La Primera y Segunda Declaración de La Habana
En ninguna parte se abordan con mayor franqueza y claridad los problemas de estrategia revolucionaria que hoy afrontan los hombres y mujeres en las primeras filas de luchas en América que en estos dos documentos de 1960 y 1962, aprobados en sendas asambleas de más de un millón de cubanos. Estas intransigentes condenas del saqueo imperialista y de "la explotación del hombre por el hombre" siguen vigentes como manifiestos de lucha revolucionaria del pueblo trabajador en todo el mundo. US$10. También en inglés, francés, árabe, persa y griego.

Nuestra política empieza con el mundo
JACK BARNES

Las enormes desigualdades entre los países imperialistas y semicoloniales, y entre las clases dentro de cada uno, son acentuadas por el mismo capitalismo. Para forjar partidos capaces de dirigir una exitosa lucha revolucionaria por el poder en nuestros propios países, los trabajadores de vanguardia debemos guiarnos por una estrategia para cerrar esta brecha. En *Nueva Internacional* no. 7. US$14. También en inglés, francés, persa y griego.

WWW.PATHFINDERPRESS.COM

PATHFINDER EN EL MUNDO

Visite nuestro sitio web para una lista completa de títulos y hacer pedidos

www.pathfinderpress.com

DISTRIBUIDORES DE PATHFINDER

ESTADOS UNIDOS
(y América Latina, el Caribe y el este de Asia)
> Pathfinder Books, 306 West 37th St., 13º piso
> Nueva York, NY 10018

CANADÁ
> Pathfinder Books, 7107 St. Denis, suite 204
> Montreal, QC H2S 2S5

REINO UNIDO
(y Europa, África, el Medio Oriente y el sur de Asia)
> Pathfinder Books, 5 Norman Rd.
> Seven Sisters, London N15 4ND

AUSTRALIA
(y el sureste de Asia y Oceanía)
> Pathfinder Books, Suite 22, 10 Bridge St.
> Granville, Sydney, NSW 2142

NUEVA ZELANDA
> Pathfinder Books, 188a Onehunga Mall Rd., Onehunga, Auckland 1061
> Dirección Postal: P.O. Box 13857, Auckland 1643

Afíliese al Club de Lectores de Pathfinder
para obtener un 15% de descuento en todos los títulos de la Pathfinder y mayores descuentos en ofertas especiales. Inscríbase en www.pathfinderpress.com o a través de los distribuidores listados arriba.
US$10 al año